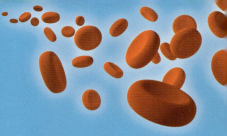

TUDO SOBRE O
corpo humano

Thomas Canavan

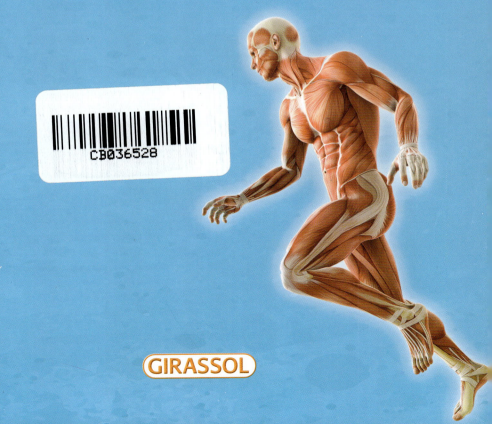

GIRASSOL

1
DO LADO DE FORA

Introdução 4

Por que precisamos de pele e cabelo?...............8
Por que a pele tem diferentes
espessuras? 10
Por que as mulheres não têm barba? 12
Por que as mulheres não ficam carecas? 14
Por que temos sobrancelhas?...........................16
Por que ficamos com os lábios
rachados? 18
Por que os dentes de leite caem? 20
O que causa a dor de dente?............................22
Por que os humanos não têm garras?..............24
Por que precisamos tomar banho? 26

2
OSSOS EM PARTES

O que nosso corpo e um prédio têm
em comum? 28
Quantos ossos o corpo tem?............................30
Por que os ossos não quebram quando
   pulamos?...32
      Como os ossos se dobram? 34
      Quando os ossos crescem?......................36
      O que acontece se quebrarmos
      um osso? 38
Como os ossos podem ficar doentes?.............40
Como os raios X funcionam? 42
O que tem dentro dos ossos?...........................44
Como os ossos se mantêm fortes?..................46

Dados Internacionais de Catalogação na Publicação (CIP)
Angélica Ilacqua CRB-8/7057

Canavan, Thomas
   Tudo sobre o corpo humano / Thomas Canavan ; tradução de Ana Paula Uchoa. -– Barueri, SP : Girassol, 2021.
   128 p. : il., color.

ISBN 978-65-5530-017-8
Título original: The human body: questions and answers

1. Corpo humano - Literatura infantojuvenil 2. Anatomia humana - Literatura infantojuvenil I. Título

20-1085   CDD 612

Índices para catálogo sistemático:
1. Corpo humano : Literatura infantojuvenil 612

1ª edição
Copyright © 2016 Arcturus Publishing Limited
Texto: Thomas Canavan
Edição: Lisa Regan
Projeto gráfico: Supriya Sahai

Todas as fotos da Shutterstock, incluindo 35br Aspen Photo / Shutterstock.com; 47br MarcelClemens / Shutterstock.com; 54bl Neale Cousland / Shutterstock.com; 59tr sportpoint / Shutterstock.com; 72bl Paolo Bona / Shutterstock.com; 73tr Reinhard Tiburzy / Shutterstock.com; 99br Maxisport / Shutterstock.com; 112tl Christian Bertrand / Shutterstock.com

Produzido no Brasil por
Girassol Brasil Edições Eireli
Av. Copacabana, 325 - 13º andar - Conj. 1301 - Alphaville, Barueri - SP, 06472-001
leitor@girassolbrasil.com.br
www.girassolbrasil.com.br

Diretora editorial: Karine Gonçalves Pansa
Coordenadora editorial: Carolina Cespedes
Assistente editorial: Laura Camanho
Tradução: Ana Paula Uchoa

Impresso no Brasil

SUMÁRIO

3 MÚSCULOS E MOVIMENTO

Por que precisamos de músculos?...................48
Com o que os músculos se parecem? 50
Como os músculos nos ajudam a nos movimentar?..52
Os músculos podem se lembrar de algo? 54
Os músculos podem trabalhar sozinhos?........56
Como os músculos se desenvolvem?...............58
O que é a cãibra muscular? 60
Os músculos precisam de combustível especial?..62
Por que o exercício às vezes "queima"?............64
Como os músculos nos mantêm aquecidos? 66

5 CÉLULAS E SISTEMAS

Quantas células o corpo tem? 88
Quantos sistemas o corpo tem?.......................90
Como nós começamos? 92
Como o sangue circula pelo corpo?.................94
Como o corpo carrega mensagens?.................96
Todos os seres vivos respiram?........................98
Como o corpo combate doenças? 100
O que acontece com a comida que comemos?..102
O que os hormônios fazem?...........................104
Por que as pessoas têm alturas diferentes?...106

4 ÓRGÃOS VITAIS

O que é um órgão humano?..............................68
Por que o cérebro controla tudo? 70
Qual o caminho do sangue dentro do corpo humano?..72
Por que é difícil prender a respiração?............74
O que acontece com a comida que engolimos?76
Qual é o tamanho do estômago? 78
Quais outros órgãos têm contato com a comida?..80
Qual é o órgão mais ocupado?.........................82
Como os rins funcionam como filtros?............84
Quais são os órgãos que não trabalham? 86

6 SENTIDOS E SENSAÇÕES

Por que o cérebro é muito ocupado? 108
Por que precisamos dos olhos? 110
Como ouvimos os sons?..................................112
O que a pele é capaz de sentir? 114
Como podemos sentir gostos com o nariz? ...116
Por que sentimos dor?....................................118
Por que nosso humor muda com frequência?...120
Por que choramos? 122
    Por que precisamos dormir? 124
    Todo mundo sonha?..............................126

Índice 128

INTRODUÇÃO

Do que os humanos são feitos?

O corpo humano pode ter vários tamanhos, mas, por dentro, todos somos feitos do mesmo conjunto de partes. Pertencemos ao grupo dos vertebrados do reino animal porque temos uma coluna; respiramos ar pela boca, por isso temos pulmões; e andamos pela terra para encontrar alimento e abrigo, por isso temos membros, sistema digestório e órgãos sensoriais para nos manter seguros.

Vertebrado

Planta

Quem você está chamando de molenga?

Invertebrado

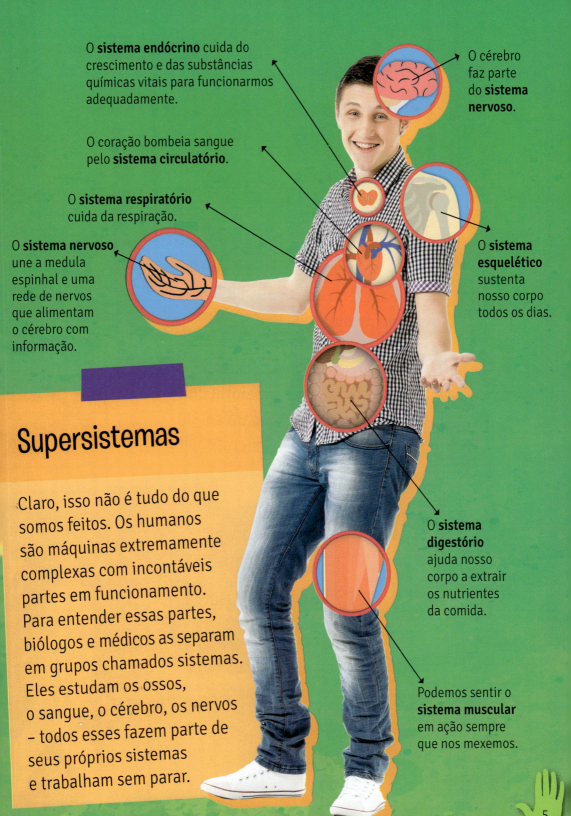

O **sistema endócrino** cuida do crescimento e das substâncias químicas vitais para funcionarmos adequadamente.

O coração bombeia sangue pelo **sistema circulatório**.

O **sistema respiratório** cuida da respiração.

O **sistema nervoso** une a medula espinhal e uma rede de nervos que alimentam o cérebro com informação.

O cérebro faz parte do **sistema nervoso**.

O **sistema esquelético** sustenta nosso corpo todos os dias.

O **sistema digestório** ajuda nosso corpo a extrair os nutrientes da comida.

Podemos sentir o **sistema muscular** em ação sempre que nos mexemos.

Supersistemas

Claro, isso não é tudo do que somos feitos. Os humanos são máquinas extremamente complexas com incontáveis partes em funcionamento. Para entender essas partes, biólogos e médicos as separam em grupos chamados sistemas. Eles estudam os ossos, o sangue, o cérebro, os nervos – todos esses fazem parte de seus próprios sistemas e trabalham sem parar.

O que tem dentro do corpo?

Todo ser vivo – plantas ou animais, vertebrados ou invertebrados – é formado de células. As bactérias que causam doenças são unicelulares, mas os humanos são obviamente muito mais complexos. O corpo humano tem cerca de 200 tipos de células, a maioria delas pequenas demais para serem vistas sem um microscópio.

Atchim!

Células animais ou vegetais com função semelhante podem se agrupar para formar um tecido vivo, que realiza um trabalho específico, como absorver água (em plantas) ou revestir o intestino para ajudar a comida a se mover suavemente. O nariz também tem seu próprio revestimento de tecido, que produz muco. Ele impede que substâncias indesejadas invadam o corpo – mas se você tem um resfriado ou uma alergia, você produz muito muco e terá que se livrar dele!

Organizados

Diferentes tecidos se combinam para formar os órgãos do corpo, que realizam trabalhos específicos dentro de você. O coração, por exemplo, contém tecido fibroso, tecido muscular e outras células especiais para controlar como ele bate. Esses órgãos podem ser agrupados em sistemas (ver páginas 4-5). Alguns itens da lista de órgãos podem surpreendê-lo: a língua, por exemplo, é um órgão que nos ajuda a falar, mastigar, saborear e engolir.

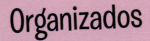

Nota de rodapé da história

Levou muitos séculos para os médicos aprenderem tanto sobre o corpo humano. As primeiras sociedades misturavam medicina com magia, religião e superstição. Má higiene e más condições de vida permitiram que as doenças se propagassem facilmente. De 1900 em diante, os médicos passaram a ter máquinas para estudar o corpo, injeções para prevenir doenças e um melhor conhecimento de como tratar seus pacientes. Grandes avanços foram feitos na medicina, e agora podemos transplantar órgãos, fabricar partes artificiais do corpo e eliminar por completo algumas doenças.

Alguém chame um médico!

1 DO LADO DE FORA

Por que precisamos de pele e cabelo?

As "embalagens externas" de pele, cabelos, dentes e unhas fazem muito mais que manter as aparências. Elas nos protegem de lesões ou infecções e mantêm a temperatura correta. Você pode ficar gravemente doente se ficar muito quente ou muito gelado. A pele age como um cobertor contra o frio e permite que o calor escape quando você está quente.

Todos os cabelos têm a mesma espessura?

De um modo geral, as pessoas do leste asiático têm fios de cabelo mais grossos que pessoas de outras partes do mundo.

O cabelo é mais forte que o aço?

Um objeto de cerca de 100 g – quase dois sabonetes de tamanho normal – poderia pender em um único fio de cabelo humano, que não é tão forte como o aço, mas está quase lá com outros materiais fortes como o Kevlar, usado para fazer coletes à prova de balas.

Bactérias, eca!

Por que os cabelos ficam em pé?

Os pelos do corpo ficam deitados quando você está quente e se levantam quando você está com frio para manter uma massa aquecida de ar.

Como a pele nos protege dos germes?

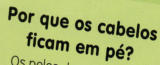

Pense em todos os germes no ar e nas coisas que você toca. A pele protege os órgãos e principais sistemas das doenças que esses germes podem causar. Uma pequena brecha na pele significa uma chance de infecção. É por isso que o corpo trabalha com rapidez para formar uma crosta sobre um corte. Ele tampa o buraco para que a nova pele cresça.

Por que a pele tem diferentes espessuras?

A pele tem diferentes espessuras. A mais grossa está na sola dos pés e tem cerca de 4 mm de espessura. Já as pálpebras têm uma das peles mais finas do corpo, com espessura de apenas 0,5 mm. A pele tem muitas funções diferentes, desde proteger e isolar o corpo até dar o sentido do tato.

Pele mais fina!

Pele mais grossa!

A pele é mesmo um órgão?

Sim, o maior dos órgãos do corpo. Estendida, a pele de um jovem de 13 anos cobriria uma região de cerca de 1,7 m²: o tamanho de uma cama de solteiro.

Como a pele funciona?

A pele está dividida em camadas. A parte que você pode ver, chamada epiderme, é a camada externa. Ela forma a barreira protetora do corpo. A camada logo abaixo é a derme, que contém vasos sanguíneos, glândulas sudoríparas e folículos pilosos. A camada inferior, chamada hipoderme, conecta a pele com os músculos.

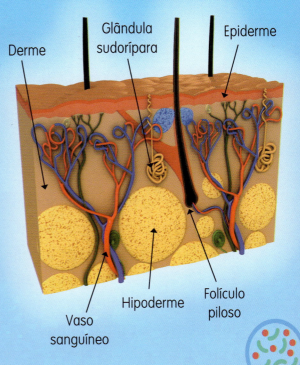

Estamos realmente cobertos por pele morta?

A pele que você vê é composta de células mortas. Novas células se formam constantemente na base da epiderme e começam uma jornada para cima. As células mais antigas, mais próximas da superfície, morrem e sobem à medida que novas células as substituem.

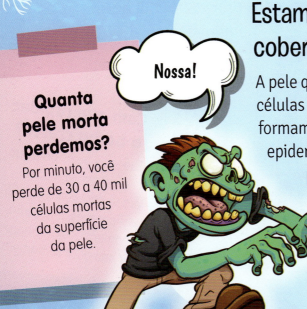

Quanta pele morta perdemos?
Por minuto, você perde de 30 a 40 mil células mortas da superfície da pele.

Nossa!

11

Por que as mulheres não têm barba?

Ter pelo no rosto era comum para nossos ancestrais, mas hoje isso não acontece com a maioria das mulheres. A mudança parece ser graças à evolução. Os humanos se tornaram menos peludos nos milhões de anos de desenvolvimento a partir dos macacos. Com o tempo, os homens passaram a preferir mulheres com pouco ou nenhum pelo no rosto, e elas teriam transmitido esse gene "sem pelos" para as filhas, que tiveram vantagem no namoro da época.

Com que rapidez a barba cresce?

Todos os pelos do corpo crescem na mesma proporção: cerca de 1,25 cm por mês. Em média, o homem gasta 60 horas por ano para se barbear.

Por que os meninos não se barbeiam?

O corpo dos meninos começa a mudar à medida que se tornam adultos. Muitas mudanças são causadas por hormônios (substâncias químicas produzidas pelo corpo). Um deles, chamado testosterona, constrói músculos, engrossa a voz dos meninos e faz com que pelos cresçam no rosto e em outras partes do corpo.

Quanto uma barba pode crescer?
A barba mais comprida já medida tinha 5,33 m.

Por que a palma da mão não é peluda?

Mesmo os mamíferos mais peludos e cabeludos não têm pelos na palma da mão ou na sola do pé. Os pelos seriam desgastados pelo contato constante com o chão e tornariam mais difícil agarrar as coisas.

13

Por que as mulheres não ficam carecas?

As mulheres podem não ter barba, mas costumam ter cabelo na cabeça por toda a vida. Pela mesma razão que os homens têm barba, isso se resume a hormônios. O hormônio masculino testosterona pode fazer os folículos se encolherem até que não cresçam mais pelos. Embora as mulheres produzam um pouco de testosterona, seus hormônios femininos protegem os cabelos.

Do que o cabelo é feito?

O cabelo é composto principalmente por uma proteína chamada queratina. É a mesma substância que faz as unhas. É também do que cascos, garras, chifres e até penas e bicos dos animais são feitos.

Queratina!

O que é um folículo?

Cada um de nossos 100 mil pelos cresce a partir de seu próprio folículo, um minúsculo órgão na camada derme da pele.

As mulheres podem perder cabelo?

Quando as meninas crescem, o corpo começa a produzir hormônios sexuais que irão ajudá-las a ter bebês. Esses são os hormônios femininos que protegem os cabelos. As mulheres param de produzir hormônios sexuais quando ficam muito velhas para ter filhos, e o cabelo pode ficar mais fino e até desaparecer. Algumas podem perder o cabelo por completo se os hormônios são afetados por algo fora do comum, como uma doença, um choque ou até mesmo um bebê.

Quanto tempo os cabelos duram?

A expectativa média de vida do cabelo humano é de 2 a 7 anos, quando ele é substituído.

Por que temos sobrancelhas?

As sobrancelhas podem parecer algo secundário, inseridas depois que o rosto humano foi projetado, porém, elas têm alguns fins práticos de proteção. A localização, acima dos olhos, faz delas guardas ideais para esses delicados órgãos. Além disso, elas são uma excelente maneira de se comunicar emoções.

E se não tivéssemos sobrancelhas?

Você pode simplesmente observar um manequim de vitrine para ver como ficaria estranho. Mas as sobrancelhas têm um trabalho importante a fazer: desviar o suor, a chuva e outros líquidos dos olhos. Junto aos cílios, que capturam poeira e outros objetos, elas protegem a visão.

As sobrancelhas podem falar?

As sobrancelhas são uma parte importante da comunicação não verbal (que não envolve palavras nem sons). A maioria de nós pode julgar o humor de outra pessoa olhando primeiro para a expressão facial. As sobrancelhas são muito boas para revelar emoções – se você está triste, zangado, feliz ou surpreso.

Como as sobrancelhas se mexem?

Há mais de 40 músculos na cabeça e no rosto, que nos ajudam a franzir a testa, sorrir e erguer as sobrancelhas com surpresa.

E se arrancarmos as sobrancelhas?

Elas podem crescer novamente, mas são os pelos com o crescimento mais lento do corpo.

Por que ficamos com os lábios rachados?

Os lábios não têm glândulas sudoríparas e não produzem óleos naturais para impedi-los de secar. Eles são cobertos com uma camada muito mais fina de pele que o resto do corpo. Isso os torna mais sensíveis (e explica o fato de que os lábios geralmente são de um tom diferente do resto do rosto, já que os vasos sanguíneos estão mais próximos da superfície).

Por que os lábios formigam?

Há muitas terminações nervosas perto da superfície da pele. Os lábios reagem a alguns temperos como se alguém estivesse fazendo cócegas neles!

Quantos músculos os lábios usam?

Uma ação simples como soprar uma corneta usa um conjunto de quatro músculos ao redor da boca.

Nós precisamos dos lábios para viver?

Uma das primeiras coisas que você fez – além de chorar – foi sugar para ser amamentado, no peito ou com mamadeira. Essa ação básica, ou instinto, permitiu que você recebesse a nutrição necessária. Os lábios continuam a nos ajudar a comer, selando a boca enquanto mastigamos e engolimos. Eles também são muito sensíveis ao toque, o que ajuda a alertar o corpo sobre o perigo.

Meus lábios estão selados!

Por que os lábios fazem formas diferentes?

Os músculos dos lábios ajudam a levar a comida à boca e a fazer sons que as pessoas podem ouvir. Os lábios nos ajudam a produzir cerca de metade dos sons que precisamos para falar. Tente dizer "minha boca grande" sem fechar os lábios! Eles também fecham a boca para impedir a entrada de água ou sujeira.

Por que os dentes de leite caem?

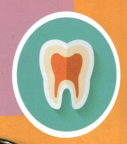

Pode parecer estranho substituir um conjunto completo de dentes, mas seu primeiro grupo de dentes de leite cumpriu sua missão quando você tinha cinco ou seis anos de idade. Eles o ajudaram a mastigar e obter nutrição, além de aprender a falar. É hora do seu corpo se preparar para abrigar um conjunto maior de dentes.

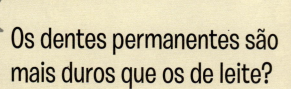

NHOC! NHOC!

Os dentes permanentes são mais duros que os de leite?

Não, são apenas maiores! Os 20 dentes de leite trabalham muito bem, permitindo que possamos cortar e moer a comida. Mas precisamos de mais dentes para preencher a mandíbula adulta. O primeiro grupo ajuda o maxilar a crescer de forma a permitir que o segundo grupo substitua o primeiro e ainda tenha espaço para 12 dentes extras.

O que são dentes do juízo (siso)?

A maioria das pessoas também tem um terceiro grupo de dentes: quatro molares chamados "dentes do juízo (siso)", que nascem quando você tem cerca de 20 anos.

Forte e sabido, hein?

Como os dentes de leite sabem quando cair?

O segundo grupo de dentes começa a se desenvolver enquanto o primeiro está no lugar. Quando estão prontos, eles empurram a mandíbula. Ao fazer isso, eles dissolvem as raízes do primeiro grupo. Sem essas raízes, os dentes de leite ficam soltos.

O que torna os dentes tão fortes?

A camada externa dos dentes está coberta de esmalte, o tecido mais duro do corpo.

21

O que causa a dor de dente?

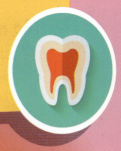

A dor de dente é um sinal de que algo está errado dentro ou perto dos dentes. É principalmente o resultado da cárie dentária: pedaços de dente desgastados que permitem a entrada dos germes. Felizmente, podemos reduzir a chance de desenvolver uma dor de dente com bons hábitos, como a escovação diária.

A dor de dente é grave?
Uma grave cárie dentária pode matar! Os historiadores acreditam que o faraó Ramsés II do Antigo Egito morreu de dor de dente.

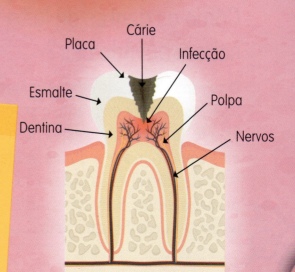

Por que a dor de dente é tão dolorosa?

A placa, uma substância pegajosa com muitas bactérias, constantemente se forma em torno dos dentes. Os açúcares da comida se misturam com as bactérias, liberando ácido. Elas podem corroer a camada externa dos dentes, criando cavidades e buracos, por onde os germes entram e desgastam o interior dos dentes. A dor é um sinal dos nervos na área afetada.

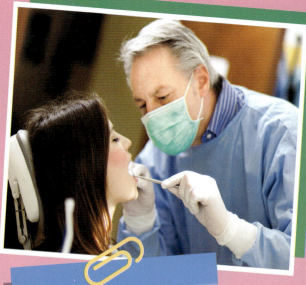

E se um dente permanente cair?

Se ele sair por inteiro, um dentista poderá colocá-lo de volta no lugar. Mantenha o dente em um copo de leite e vá ao dentista imediatamente.

Como evitar a dor de dente?

A escovação regular ajuda a evitar que os germes ataquem os dentes. Tente não comer muitos alimentos ou bebidas açucaradas porque eles podem comprometer o revestimento de esmalte dos dentes, abrindo caminho para uma infecção dolorosa.

Por que os humanos não têm garras?

O que são aquelas marcas brancas nas unhas?

Pequenas marcas brancas não são nada demais – você pode ter batido ou entortado a unha. Mas as unhas podem mostrar se você está saudável: se elas estão mais escuras ou têm manchas, você pode não estar bem.

A maioria dos mamíferos tem garras afiadas para ajudá-los a cavar ou atacar outros animais. Já os primatas, o grupo de mamíferos que inclui macacos e humanos, têm unhas. Ao se desenvolverem, as garras dos primatas ficaram menores e mais planas. Essas versões menores, as unhas, são melhores para manipular objetos pequenos, como nozes e frutas, e trabalhar com ferramentas – algo que outros mamíferos raramente fazem.

Por que as unhas não suam?

As unhas são feitas de queratina (como o cabelo). Essa proteína é forte e pode ser flexível (como o cabelo) ou sólida (como unhas ou garras de animais e chifres). As partes que podem ser vistas não estão crescendo mais – elas são feitas de células mortas – e, portanto, não transpiram. O crescimento ocorre na pele abaixo da unha dura.

É ruim roer as unhas?

Roer unhas sujas pode introduzir germes no corpo e levar a infecções se você machucar a pele.

Por que as unhas crescem tão rápido?

As unhas protegem as sensíveis terminações nervosas das pontas dos dedos. Elas podem ser fortes, mas são facilmente lascadas, quebradas ou desgastadas. Precisam crescer sempre para executar seu propósito de vida. Em média, elas crescem cerca de 3,5 mm por mês. As unhas dos pés fazem o mesmo trabalho, mas estão sujeitas a menos desgaste, por isso crescem a uma taxa mais lenta – cerca de 1,6 mm por mês.

Hum!

Por que precisamos tomar banho?

As pessoas sempre se lavaram?

Sim, mesmo na história antiga. Então, não tem desculpa para evitar o banho! As Termas de Caracalla, na Roma Antiga, podiam receber 1.600 banhistas ao mesmo tempo.

O corpo tem muitas maneiras de lutar contra doenças e infecções. Mas podemos ajudar muito a combater bactérias e vírus. Hábitos de limpeza e higiene podem remover esses germes prejudiciais, que são pequenos demais para serem vistos.

O que é uma infecção?

Microrganismo é o nome científico dos minúsculos germes invisíveis que nos rodeiam. Algumas dessas bactérias e vírus são benéficos ou até mesmo úteis. Mas microrganismos nocivos podem entrar no corpo, onde se multiplicam rapidamente e causam doenças. Tal invasão é chamada de infecção.

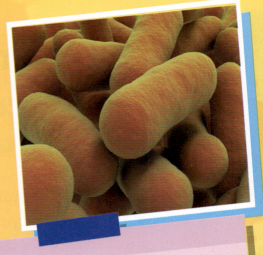

Lavar roupa pode combater doenças?
A lavagem pode matar pulgas e percevejos portadores de doenças que vivem em roupas e cobertores sujos.

E se as mãos parecem limpas?

É importante lavar as mãos com frequência, principalmente antes de comer. Como os germes são pequenos o suficiente para serem invisíveis, você pode pensar que suas mãos estão limpas. Mas elas estão sempre tocando outras coisas – maçanetas, livros ou a mão de outras pessoas – e esse contato transmite germes.

27

2 OSSOS EM PARTES

O que nosso corpo e um prédio têm em comum?

Todo prédio precisa de proteção externa e uma forte estrutura para impedir que ele caia. Com seu corpo é a mesma coisa. Sem o apoio fornecido pelos ossos, você seria molenga como uma boneca de pano. A estrutura feita de ossos é chamada de esqueleto.

Todos os ossos estão unidos?
A maioria dos ossos do esqueleto está ligada com algum outro osso (veja a página 34), mas o osso hioide, na garganta, não está ligado a nenhum outro.

O que o esqueleto protege?

O corpo contém órgãos delicados, como o coração, os pulmões e o cérebro. Eles podem ser feridos mesmo que apenas suas resistentes camadas externas sofram uma batida. Tudo seria bem pior se o esqueleto não protegesse os órgãos internos.

Mudanças vêm com o tempo!
O homem moderno tem ossos mais delicados e cabeça mais arredondada que nossos ancestrais de 4 milhões de anos atrás.

Como os ossos contam uma história?

A maioria das partes de um corpo se decompõe quando uma pessoa morre. Os ossos levam mais tempo para se decompor e podem até se tornar fósseis, o que permite que eles armazenem informações sobre nossos ancestrais de milhares, ou mesmo milhões, de anos atrás. Ao analisar ossos encontrados em descobertas arqueológicas, os cientistas podem dizer como o homem antigo mudou e que doenças ele enfrentou.

Quantos ossos o corpo tem?

Um esqueleto adulto humano contém 206 ossos. Há vários tipos de ossos. Os dedos da mão e do pé, braços e pernas contêm ossos longos. Os punhos e pés têm ossos curtos para apoio e estabilidade. Ossos chatos, incluindo os quadris, costelas e omoplatas, são fortes o suficiente para proteger órgãos vitais.

Do que a coluna é feita?

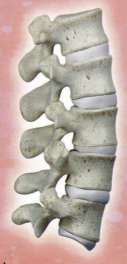

A coluna humana tem 33 ossos em forma de disco, chamados vértebras, ligados em uma longa linha. Eles formam um túnel que protege a medula espinhal. A maioria dos mamíferos tem sete vértebras no pescoço, sejam eles minúsculos como um rato ou altos como uma girafa!

Qual é o menor osso do corpo?
O menor osso do corpo é o estribo, de 2,8 mm. Ele está localizado no ouvido.

Como é possível mudar os ossos?

Comer os alimentos certos ajuda a fortalecer e dar resistência aos ossos (veja a página 46). Praticar exercícios também auxilia no fortalecimento ósseo. Com o tempo, os ossos de atletas ficam mais duros e grossos. Os ossos do braço que um jogador de tênis sempre usa são, com frequência, maiores que os do seu outro braço.

Quantos ossos temos na cabeça?
O cérebro é protegido por oito placas planas e ósseas, que formam o crânio.

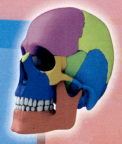

Por que os ossos não quebram quando pulamos?

Quando pulamos e corremos, os ossos não se quebram. Eles são fortes o suficiente para lidar com movimentos. Eles têm uma camada externa dura e resistente para suportar nosso peso, mas, ao mesmo tempo, essa camada é leve o bastante para permitir a execução do movimento. No entanto, por dentro dos ossos, há tecidos vivos realizando tarefas importantes para todo o corpo.

O que tem dentro do osso?

O lado externo, branco e duro, de um osso chama-se osso compacto. Os nervos e vasos sanguíneos do periósteo, uma membrana fina, nutrem essa camada externa. A camada interior de osso esponjoso ajuda a manter os ossos flexíveis. A medula mole, encontrada dentro de muitos ossos, é como uma fábrica que produz células sanguíneas para o corpo inteiro.

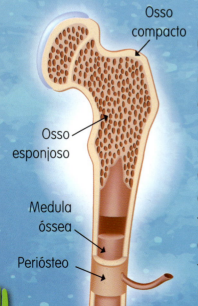

Osso compacto
Osso esponjoso
Medula óssea
Periósteo

Como os ossos nos ajudam a ouvir?

Pequenos ossos dentro do ouvido carregam vibrações sonoras para o cérebro, onde são convertidas em informações sobre o que você ouviu.

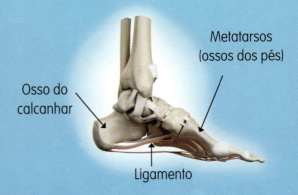

Metatarsos (ossos dos pés)
Osso do calcanhar
Ligamento

Uhu!

Como os ossos se unem?

Os ossos, para dar força e apoio uns aos outros, se ligam a outras redes do corpo por meio de ligamentos (tecidos firmes que conectam um osso ao outro), de forma a permitir o movimento de qualquer parte do corpo. Os ossos também estão ligados aos músculos, com fortes tiras de tecido chamadas tendões.

Podemos criar ossos artificiais?

Os cientistas produziram um material parecido com osso, mas ainda estão tentando achar maneiras de ligá-lo aos vasos sanguíneos.

Como os ossos se dobram?

Os ossos são flexíveis: eles não se arrebentam ao primeiro sinal de estresse. No entanto, eles não se dobram muito. Movemos nosso corpo em diferentes posições usando as conexões entre os ossos. O esqueleto é auxiliado por articulações, músculos, tendões e ligamentos.

Eu tenho gingado!

É verdade que os ossos raspam uns nos outros?

Sim. E, por isso, um tecido chamado cartilagem cobre os ossos que se encontram nas articulações. Ela reduz o atrito e permite que os ossos se movam com mais liberdade.

Quais são os ligamentos mais fortes do corpo?

Os ligamentos que unem os ossos do quadril aos da perna suportam um peso maior e também precisam ser flexíveis – o bastante para uma pessoa abrir espacates, por exemplo.

Como os ossos se mexem?

Os ossos se encontram nas juntas, chamadas articulações. Algumas delas, como os joelhos, funcionam como dobradiças e permitem que os ossos balancem para a frente e para trás. Outras, como os ombros, permitem um movimento ainda maior. Em cada caso, tecidos firmes, chamados ligamentos, unem-se a ambos os ossos e atuam como polias.

Qual é a diferença entre uma distensão e uma tensão?

Às vezes, uma articulação se distorce além do normal. Esse movimento pode esticar e danificar os ligamentos, causando uma distensão. As tensões acontecem quando você estica demais um músculo. Elas são muito comuns em esportes como o basquete, por exemplo. Distensões e tensões podem levar mais tempo para sarar do que um osso quebrado.

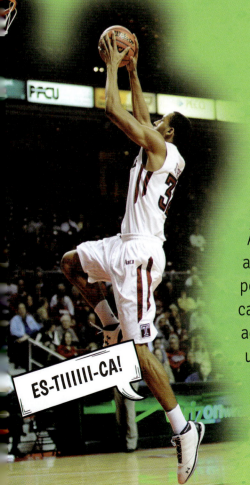

ES-TIIIIII-CA!

35

Quando os ossos crescem?

Eles crescem quando você é jovem, tornando-o mais alto e mais forte. Às vezes, eles crescem muito rápido em "picos de crescimento". Eles param de crescer na adolescência. Mas o desenvolvimento dos ossos continua durante toda a vida. Eles estão sempre se renovando para que possam oferecer apoio e produzir células sanguíneas.

Um pico de crescimento equivale a quanto?
A média considerada comum pelos médicos é de 6 a 10 cm por ano.

O fêmur é o osso mais longo, volumoso e resistente do corpo humano.

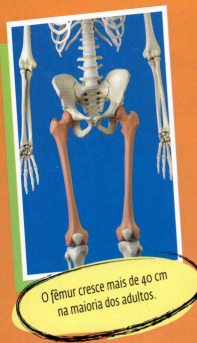

O fêmur cresce mais de 40 cm na maioria dos adultos.

Como os ossos crescem?

"Ossos longos", como os de seus braços e pernas, possuem placas de crescimento em cada extremidade. Dentro das placas há colunas de cartilagem (o mesmo tecido do nariz). A cartilagem se multiplica, transformando-se em osso e empurrando as placas. Com mais material endurecido, os ossos crescem.

Perdemos ossos à medida que envelhecemos?

Não, mas alguns se fundem. Os bebês começam com mais de 300 partes duras, cartilagem na maioria. Quando nos tornamos adultos, elas terão se juntado, deixando-nos com 206 ossos.

O que faz os ossos pararem de crescer?

O crescimento ósseo depende de hormônios: substâncias químicas que o corpo produz. Você herda as informações de crescimento de seus pais. Elas dizem ao corpo quanto hormônio de crescimento produzir. Quando você atinge a puberdade (tornando-se fisicamente maduro), um hormônio diferente diz para as placas de crescimento se fundirem em osso, impedindo o crescimento.

O que acontece se quebrarmos um osso?

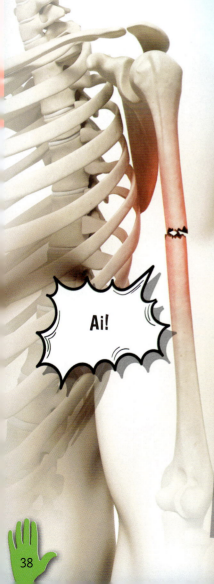

Ossos, como outras partes do corpo, geralmente são capazes de se recuperar de ferimentos graves. Em minutos, o corpo começa a se curar. Ele completa seu trabalho em estágios, primeiro impedindo que o sangue escape e finalizando com um novo pedaço de osso onde aconteceu a ruptura.

Ai!

Por que precisamos de gesso?

Um osso machucado pode sair do lugar se for atingido, por isso o gesso age como um amortecedor. Às vezes, pinos de metal são inseridos para manter um osso quebrado no lugar.

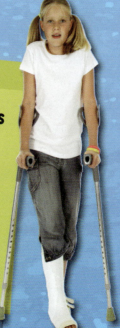

Quanto tempo leva para consertar um osso?

Em um adulto, um osso quebrado pode levar vários meses para sarar, mas o de uma criança geralmente cura em algumas semanas. Os ossos contêm células que removem e substituem o tecido velho para formar um novo osso. Uma criança tem mais células "construtoras" do que "removedoras", por isso o osso pode se curar mais rápido.

Qual osso quebra com mais frequência?

O osso mais quebrado pelas pessoas é o osso radial no punho. Os idosos, no entanto, muitas vezes quebram os quadris.

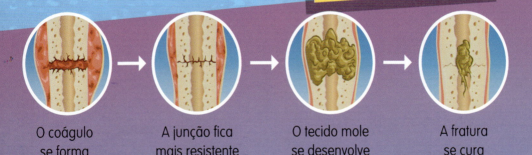

O coágulo se forma → A junção fica mais resistente → O tecido mole se desenvolve → A fratura se cura

Como um osso se cura?

Após uma fratura, o osso forma um coágulo onde os vasos sanguíneos ficaram expostos. Novos vasos se juntam a essa área, transformando o coágulo em uma conexão mais resistente. O colágeno (a principal proteína dos ossos) e a cartilagem se acumulam, e novas células chegam para transformar esses tecidos moles em ossos.

Como os ossos podem ficar doentes?

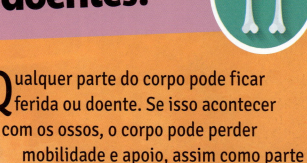

Qualquer parte do corpo pode ficar ferida ou doente. Se isso acontecer com os ossos, o corpo pode perder mobilidade e apoio, assim como parte da capacidade de produzir novas células sanguíneas. Algumas condições surgem devido ao desgaste, mas infecções também podem se desenvolver.

Quais doenças afetam os ossos?

Como outras partes do corpo, os ossos podem ficar doentes devido a infecções transportadas pelos vasos sanguíneos. Outras condições ocorrem por hereditariedade (como ter ossos fracos ou frágeis) ou por uso constante. A artrite geralmente se desenvolve porque a cartilagem entre os ossos se torna mais fina: um osso fica em atrito com o outro, o que causa muita dor.

A artrite é uma doença de idosos?

A maioria das pessoas que desenvolvem artrite tem mais de quarenta anos, mas os jovens às vezes são afetados. O tratamento adequado pode controlá-la.

Por que os idosos têm ossos mais fracos?

Os ossos são como fábricas, trabalham sempre. Eles produzem células sanguíneas o tempo todo, mas à medida que as pessoas envelhecem, parte do trabalho diminui. Células de construção óssea, que constantemente renovam os ossos, deixam de manter os ossos tão fortes. Eles se tornam menos densos. Na prática, isso significa ossos mais fracos.

Por que as pessoas encolhem à medida que envelhecem?

Conforme as pessoas envelhecem, a gravidade afeta sua coluna. Os discos entre as vértebras são comprimidos, e as pessoas podem parecer mais baixas.

41

Como os raios X funcionam?

Os médicos podem usar equipamentos especiais para obter imagens nítidas de ossos e outras partes do corpo sob a pele. A fotografia de raio X é o método mais comum de verificar como os ossos estão se desenvolvendo – ou sarando, se foram feridos.

ACHOU!

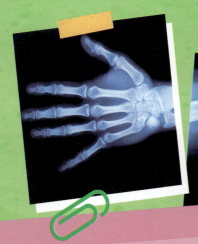

É verdade que os raios X só mostram ossos?

Imagens de raio X dão fotos nítidas de parafusos e pinos nas articulações – e às vezes até mostram coisas que as pessoas engoliram.

Por que os ossos aparecem nos raios X?

Os raios X são ondas de luz com mais energia que a luz "normal" que vemos. Essa energia extra permite que eles passem pelos tecidos moles, como a pele. Um tecido mais denso e firme, como os ossos, interrompe as ondas. Uma máquina de raio X lança a luz pelo corpo e imprime em um filme fotográfico especial. Os ossos aparecem como áreas brancas onde os raios X não conseguiram chegar ao filme.

O que mais os raios X podem mostrar?

Um médico com um raio X pode ver se algo está errado dentro de uma pessoa, mas outros profissionais também usam essa tecnologia para salvar vidas. Se você passar as malas por uma máquina de raio X em um aeroporto, os funcionários podem ver o conteúdo dentro dela e verificar se há itens perigosos ou proibidos sem abrir a bagagem.

O que tem dentro dos ossos?

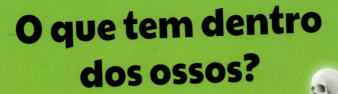

Os ossos não podem engordar, mas armazenam gordura. Eles contêm suprimentos de emergência de energia, armazenados como gordura na medula óssea amarela. Eles também armazenam minerais que o corpo precisa para funcionar, e as células sanguíneas que produzem nos ajudam a ficar saudáveis e nos recuperar de uma lesão.

Célula da medula óssea

O que é um transplante?

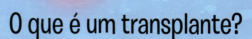

Em uma pessoa saudável, a medula óssea produz células para todo o corpo. Algumas condições de saúde impedem que isso aconteça adequadamente em algumas pessoas. Células saudáveis da medula de uma pessoa podem ser transplantadas para o corpo doente de outra para ajudar a medula a trabalhar melhor.
O sangue também pode ser retirado de uma pessoa e dado a outra, se ela precisar.

Quanto a medula óssea trabalha?

A medula óssea vermelha pode produzir até 5 bilhões de células sanguíneas por dia.

Por que ossos jovens trabalham mais?

Quase todos os ossos contêm medula vermelha quando você nasce e durante a maior parte da infância. Depois, o número de ossos com medula vermelha diminui. Isso significa que os adultos têm menos ossos que produzem células sanguíneas do que as crianças. É por isso que elas se curam mais rápido e crescem.

Quando os ossos tornam-se realmente fortes?

Os ossos jovens ficam mais fortes como parte do processo de crescimento, ainda mais se você come bem e se exercita. O auge da força é por volta dos vinte anos. Depois, a força do osso vai diminuindo, a menos que você se exercite com frequência.

45

Como os ossos se mantêm fortes?

O elemento químico cálcio é um ingrediente importante para ajudar os ossos a se reconstruírem e permanecerem fortes. Alguns alimentos, como produtos lácteos (incluindo sorvete), contêm cálcio. Você também precisa de vitamina D para ajudar o corpo a extrair o cálcio dos alimentos.

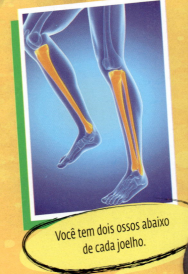

Você tem dois ossos abaixo de cada joelho.

Por que o sol é bom para os ossos?

Algumas coisas que você come lhe dão vitamina D, mas a exposição ao sol é a melhor maneira de obter uma boa dose dela. Você só precisa de cerca de 20 minutos diários, nos horários entre 8h e 10h, e após às 16 horas.

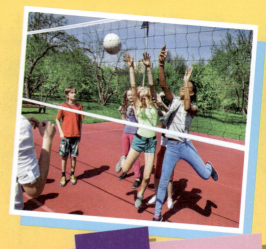

Podemos comer ossos?

Você deve evitar a maioria porque eles podem machucar a parte interna do seu corpo. No entanto, os ossos de peixes macios, como o salmão em lata, são uma excelente fonte extra de cálcio.

Como os ossos duram a vida toda?

Os ossos estão constantemente se reconstruindo – você tem um novo esqueleto a cada sete anos.

Como os capacetes protegem o crânio?

Roupas de proteção e estofamentos protegem as pessoas contra forças ou objetos que possam ferir os ossos. Capacetes de bicicleta ajudam a proteger o crânio e o cérebro. A dura camada externa espalha a força do impacto recebido. A camada interna, mais macia, absorve essa força de forma que o mínimo atinja a cabeça.

3 MÚSCULOS E MOVIMENTO

Por que precisamos de músculos?

Precisamos de músculos para realizar praticamente qualquer atividade que envolva movimento. Esses feixes de tecidos fibrosos fazem muitas coisas. Eles movem os ossos, abrem os olhos e nos ajudam a mastigar. Muitos deles trabalham automaticamente, bombeando o coração, ajudando na digestão de alimentos e garantindo a respiração regular.

Por que podemos ouvir nosso coração?

Cada batida do coração é o som de um músculo cardíaco forçando uma válvula cardíaca (parte do coração que controla o fluxo de sangue) a se fechar.

Quantos músculos usamos para sorrir?

As pessoas usam muitas combinações de músculos para sorrir: de dez a 43 músculos para qualquer sorriso.

Quais músculos nos fazem falar?

A língua, uma coleção de músculos, forma muitos sons. Até mesmo abrir e fechar a boca para formar outros sons depende dos músculos do rosto e da mandíbula. E para forçar o ar a sair da boca para fazer um som, precisamos usar o músculo do diafragma abaixo dos pulmões.

Como nos movemos se estamos parados?

Imagine que o corpo é uma fábrica. Pode parecer calmo e tranquilo por fora, mas por dentro há muita coisa acontecendo. As mercadorias são deslocadas de um lado para o outro, as portas abrem e fecham e o combustível alimenta todas as máquinas. Os músculos mantêm o corpo "em funcionamento", mesmo que você não esteja se movimentando.

49

Com o que os músculos se parecem?

Se você olhar de perto para um elástico, verá que ele é feito de fios que se esticam e se apertam de novo. De perto, os músculos se parecem bastante com isso, mas eles têm formatos especiais de acordo com a função. Todos eles respondem a sinais do cérebro, dizendo-lhes para contrair (apertar) ou relaxar.

Os olhos têm músculos mesmo?

Sim! A íris tem um músculo que abre e fecha a pupila para controlar a luz que chega, e há seis músculos ao redor do olho que movem o globo ocular.

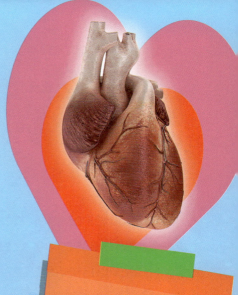

Há quantos músculos no corpo?

O corpo tem cerca de 640 músculos. Há quem considere alguns desses grupos como sendo de músculos menores, então o total poderia ser bem maior. Qualquer que seja a quantidade, eles formam três grupos principais: esquelético (que move os ossos), cardíaco (no coração) e liso (principalmente no sistema digestório).

Qual é o tamanho do coração?

Entrelace as mãos e os dedos. Este é o tamanho do seu coração.

Quais são as diferenças entre os músculos?

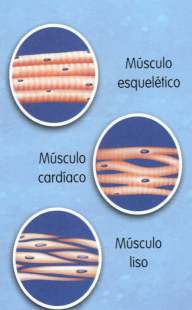

Músculo esquelético

Músculo cardíaco

Músculo liso

Os músculos esqueléticos são feitos de faixas claras e escuras chamadas fibrilas, que faz com que eles pareçam listrados. São os únicos que controlamos e a maioria está ligada aos ossos. Os músculos cardíacos, que bombeiam o sangue para dentro e para fora do coração, também são compostos de faixas sombreadas. Os músculos lisos das paredes de muitos órgãos recebem esse nome porque não possuem listras.

Como os músculos nos ajudam a nos movimentar?

Os músculos esqueléticos estão ligados a ossos com tecidos mais firmes chamados tendões, que trabalham puxando ao invés de empurrando. Quando um músculo se contrai, ele puxa um tendão conectado a um osso, o que faz com que o osso seja movimentado. E é você quem está no controle desses músculos, que contraem ou relaxam, sempre ao seu comando.

Quantos músculos são necessários para andar?

O simples ato de dar um passo envolve vários movimentos. Você precisa levantar uma perna do chão, movê-la para a frente, recolocá-la de volta ao chão e manter o equilíbrio ao mesmo tempo. Esse processo todo envolve os músculos dos quadris, das nádegas, das coxas, da perna, dos pés, dos dedos do pé e também dos braços, da cintura, da barriga e das costas. Em uma contagem aproximada, são cerca de 200 músculos!

Bíceps salientes!

Pessoas diferentes têm músculos diferentes?

Todos nós temos a mesma quantidade de músculos, mas sua forma e tamanho diferem. Isso dá a algumas pessoas uma vantagem em certas atividades, como corridas de longa distância ou natação.

Por que os músculos trabalham em pares?

Os músculos geralmente se unem em cada lado de um osso ou articulação. Quando você dobra o braço, aperta o músculo bíceps de um lado da parte de cima do braço. Ao mesmo tempo, você está relaxando o músculo tríceps, na parte de baixo. Para endireitar novamente, você faz o oposto com o par.

Qual é o maior músculo?

Os maiores músculos do corpo são os músculos glúteos máximos do bumbum. Eles movem as costas e o maior osso, o fêmur (osso da coxa).

CRA-A-A-C!

Os músculos podem se lembrar de algo?

É verdade que os músculos parecem se lembrar de uma série de movimentos na ordem correta. Isso é chamado de memória muscular. Mas, na realidade, é o seu cérebro que dá as ordens. Como um computador com comandos armazenados, o cérebro armazena uma série de sinais que envia aos músculos quando certas ações são necessárias.

A prática sempre leva à perfeição?

Infelizmente, a memória muscular não faz com que você faça as coisas com melhor desempenho. Ela pode, na verdade, impedir que você melhore, se continuar cometendo os mesmos erros.

Por que precisamos de memória muscular?

Imagine ter que pensar em cada movimento do seu braço sempre que você rebater uma bola de tênis ou em cada movimento dos seus dedos quando amarrar os sapatos. Felizmente, seus músculos podem ser treinados para repetir ações.

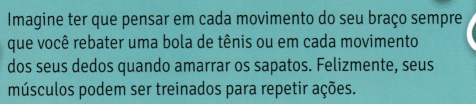

Ela pode nos ajudar a tocar piano?

Sim, desde que você aprenda as notas corretas. A idade não é uma barreira para a memória muscular: Jacob Velazquez, da Flórida, tocava obras inteiras de Beethoven aos cinco anos.

Músculos artificiais podem desenvolver uma memória?

Muitos membros artificiais realizam movimentos suaves, mas até há pouco tempo os "músculos" desses membros não podiam repetir ações tão rápido quanto os músculos humanos. Os cientistas então desenvolveram formas de registrar quimicamente os movimentos desses membros, de modo que possam executar padrões de movimento com velocidade, como os músculos humanos.

Os músculos podem trabalhar sozinhos?

O corpo nunca desliga, funciona 24 horas por dia, 7 dias por semana, até quando você está dormindo. Os músculos fornecem o movimento e a atividade para manter tudo funcionando. Os músculos involuntários ou lisos revestem as paredes dos órgãos e vasos sanguíneos. Suas contrações movimentam sangue, comida e outras substâncias pelo corpo.

Como o coração mantém o ritmo?

As paredes externas do coração contêm um grupo de células musculares que produzem uma pequena corrente elétrica. Esses pulsos elétricos fazem o coração bater em um ritmo seguro e estável.

Os músculos podem nos transformar em homens das cavernas?

Quando você leva um susto ou fica assustado de forma repentina, o cérebro envia um sinal para as glândulas que produzem uma substância química chamada epinefrina (ou adrenalina). A frequência cardíaca acelera e o sangue corre para os músculos. Pronto! Você está pronto para lutar contra algo perigoso ou fugir, como os primeiros humanos quando estavam sob ataque.

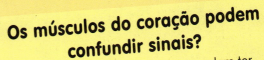

Os músculos do coração podem confundir sinais?

Sim, podem. Algumas pessoas podem ter um batimento cardíaco irregular e usar um dispositivo chamado marca-passo, que envia pulsos regulares para os músculos cardíacos.

Por que às vezes respiramos mais rápido?

O músculo diafragma controla a respiração. A velocidade em que trabalha depende de quanto dióxido de carbono (um resíduo) está no sangue. Se há muito, como quando você se exercita, você respira rápido. Se os níveis estão baixos, como quando você dorme, o cérebro diz ao diafragma para fazer você respirar mais devagar. É automático!

Como os músculos se desenvolvem?

Se você e um halterofilista flexionassem os músculos, os do atleta seriam muito maiores que os seus. Os levantadores de peso desenvolvem os músculos levantando cargas pesadas. Mas é mais importante que você mantenha seus músculos fortes com exercícios regulares do que pensar em fisiculturismo!

Todo exercício desenvolve os músculos?
Diferentes formas de exercício ajudam a manter os músculos fortes, mas alguns levantamentos de peso causam pequenos rasgos nos músculos. Esses músculos aumentam à medida que se curam.

Quanto peso os levantadores de peso erguem?

Em competições, os atletas levantam pesos de até 500 kg até o nível da coxa. Esse é o peso de uma zebra adulta!

Podemos alongar os músculos?

É impossível alongar os músculos porque eles estão ligados a tendões e ossos em cada extremidade. Eles crescem quando você é jovem, mas param na idade adulta. Imagine uma estrada ligando duas cidades. Você não pode alongar essa estrada, mas pode ampliá-la. Desenvolver os músculos os faz maiores.

Quais são os músculos principais?

Não são só braços e pernas que usam músculos. A parte central do corpo tem músculos que são muito importantes para o movimento geral do corpo. Os músculos do estômago (do abdome) e da região lombar, se estiverem tonificados, ajudam você a se manter forte e com a postura ereta, a caminhar melhor e a se sentir bem.

O que é a cãibra muscular?

Substâncias químicas se alteram cada vez que os músculos contraem e relaxam. Os tecidos em um músculo em repouso estão alongados e esticados. Quando os tecidos enrijecem e o músculo contrai, o cálcio entra e o sódio (sal) sai do músculo. Em geral, o músculo relaxa de novo com rapidez, mas às vezes ele fica firme e dolorosamente contraído. Isso é a cãibra muscular.

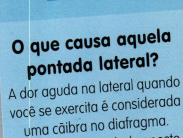

O que causa aquela pontada lateral?

A dor aguda na lateral quando você se exercita é considerada uma cãibra no diafragma. Estique-se para o lado oposto da pontada para aliviar a dor.

Fazer exercício depois de comer causa cãibras?

Provavelmente não, mas é possível que você se sinta enjoado ou devagar se você se exercitar logo após comer. Durante o exercício, o fluxo sanguíneo é desviado para os músculos do sistema digestório. Isso pode dificultar lidar com grandes quantidades de alimento.

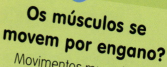

Os músculos se movem por engano?

Movimentos musculares involuntários (chamados tiques ou espasmos) são em geral temporários e causados por terminações nervosas que disparam um sinal por acidente para um músculo.

Glub, glub!

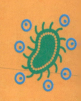

As cãibras fazem mal?

A maioria das cãibras é um resultado inofensivo de exercício excessivo ou rápido demais, ou de não beber água suficiente antecipadamente. Isso dificulta os músculos receberem e se livrarem de nutrientes ou resíduos. No entanto, cãibras muito graves, prolongadas ou frequentes podem ser sinal de problemas médicos maiores.

Os músculos precisam de combustível especial?

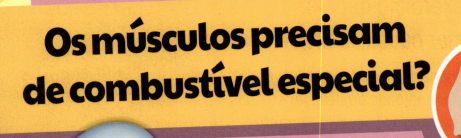

Os músculos obtêm a maior parte de sua energia da glicose, um tipo de açúcar encontrado em muitos alimentos. Eles usam o oxigênio do sangue para converter a glicose em energia. Esta é uma reação química que libera água e gás carbônico. A energia pode ser usada de imediato ou armazenada como combustível para depois.

Por que os atletas comem bananas?

As bananas contêm muitos carboidratos (que liberam glicose) e potássio, que ajuda a prevenir cãibras.

NHAM! NHAM!

Uma dieta balanceada ajuda os músculos?

Uma dieta balanceada em geral significa comer uma mistura equilibrada de alimentos, com proteínas, legumes, frutas, gorduras e carboidratos. Esse equilíbrio ajuda a maioria dos sistemas do corpo e é ótima para os músculos. Carboidratos, como batatas, massas e grãos, fornecem energia. A gordura armazena parte dessa energia e a proteína é o "bloco de construção" dos músculos.

Perder peso é ruim para os músculos?
Sim, porque se as pessoas emagrecerem muito rápido, o corpo pode usar músculos, em vez de gordura, como fonte de energia.

Bebidas energéticas são úteis?

As bebidas energéticas prometem fornecer força e atenção, mas muitas vezes dependem de muito açúcar (para fornecer glicose) e cafeína (a substância no café que mantém as pessoas acordadas). Você não deve ingerir grandes quantidades dessas bebidas. Em vez disso, coma uma banana para ganhar energia, beba água para evitar a desidratação e tome um copo de leite com chocolate depois que praticar esportes; ele fornece uma excelente mistura de nutrientes para os músculos. Delícia!

Por que o exercício às vezes "queima"?

Você já ouviu alguém falar sobre "sentir o músculo queimar" quando está se exercitando muito? Isso acontece porque o oxigênio do sangue ajuda os músculos a usar a glicose para produzir energia. Ao se exercitar bastante, os músculos usam todo o oxigênio disponível no sangue. Então, começam a transformar açúcar em oxigênio. O ácido láctico produzido dá uma sensação de queimação aos músculos.

Praticar exercícios faz o ser humano se sentir mais feliz?
Os cientistas descobriram que os músculos que trabalham bastante produzem substâncias chamadas endorfinas, que enviam sinais de felicidade ao cérebro.

Podemos nos exercitar muito?

Sentir o músculo queimar é sinal de que você se exercitou bastante, o que pode ser uma coisa boa, mas também é um dos sinais de que as coisas foram longe demais e que você precisa descansar. Se muito ácido láctico for produzido, seus músculos podem ser danificados.

De quanto exercício precisamos?

O ideal é que os jovens se exercitem por uma hora, todos os dias. Não importa qual exercício, desde que faça você respirar mais rápido e suar um pouco. Dançar, nadar, andar de skate, jogar bola, subir em árvore, praticar artes marciais, andar de bicicleta ou correr ao redor do quarteirão com o cachorro. Qualquer atividade física que faça você movimentar seu corpo é bem-vinda!

Os idosos precisam se exercitar?

Alguns músculos se transformam em gordura quando as pessoas envelhecem, por isso é importante se exercitar sempre para evitar uma grande perda de músculos.

Como os músculos nos mantêm aquecidos?

Além de "sentir o músculo queimar" e "queimar caloria", os músculos podem produzir calor de verdade e ajudar a nos aquecer quando a temperatura cai. As calorias medem uma forma de calor ligada à energia, que fornece combustível para os músculos agirem como um sistema de aquecimento central.

O que acontece quando trememos?
O corpo sente quando o frio é uma ameaça. O cérebro envia sinais aos músculos da pele, fazendo com que eles se contraiam e relaxem com rapidez. Assim, os músculos liberam calor.

Os músculos podem encolher?

Se o músculo não é usado o suficiente, ele se torna pequeno e fraco. Os astronautas usam menos os músculos no espaço porque não estão trabalhando contra a gravidade. Para compensar, eles se exercitam todos os dias. Na Estação Espacial Internacional, os astronautas passam mais de duas horas por dia treinando.

Ufa!

O que causa os arrepios?

O arrepio é uma tática do corpo para diminuir a sensação de frio. O cérebro manda uma mensagem para que os pelos fiquem eriçados, prendendo assim entre eles o ar quente, que nos protege contra baixas temperaturas, funcionando como uma espécie de cobertor.

Por que os atletas se aquecem antes do esporte?

O aquecimento é uma maneira lenta de preparar o corpo para a atividade. Ele ajuda a relaxar os músculos, o que facilita a execução dos exercícios, e aumenta a frequência cardíaca e a respiração para enviar mais sangue e oxigênio ao restante do corpo. Além disso, ele aquece os músculos de verdade, e músculos mais quentes obtêm oxigênio mais rápido.

4 ÓRGÃOS VITAIS

O que é um órgão humano?

Os médicos definem os órgãos do corpo como conjuntos de tecidos que fazem trabalhos específicos. Há muitas tarefas a serem realizadas e seus órgãos ajudam você nisso. Órgãos diferentes captam informações sobre o mundo ao seu redor, transformam comida em combustível, enviam nutrientes para onde é necessário e se livram de coisas que não são saudáveis.

O olho é um órgão?

Sim! É um órgão que reage à luz para permitir que você enxergue. É menos desenvolvido em bebês; eles só enxergam em preto e branco no começo da vida.

Os órgãos funcionam sozinhos?

O corpo é como um time de futebol que tem jogadores com funções diferentes que se reúnem para trabalhar em equipe. Os rins filtram os resíduos e os transformam em xixi, mas fazem parte de um sistema maior chamado sistema urinário. O coração é o "centro de comando" do sistema circulatório. O fígado, o pâncreas e o baço fazem parte do sistema digestório.

Quantos órgãos nós temos?

As pessoas contam de maneiras diferentes. Temos cinco órgãos vitais – cérebro, pulmões, coração, fígado e rins – e cerca de 70 outros.

Por que nascemos com todos os órgãos?

Os órgãos se formam nos meses que antecedem o nascimento, então desde o primeiro dia temos o conjunto completo. Alguns deles, como o coração, os pulmões e o fígado, já começam a trabalhar intensamente, antes do nascimento. Outros, como os órgãos reprodutivos, desenvolvem-se mais quando estamos mais velhos, anos após o nascimento.

Por que o cérebro controla tudo?

Continue pensando no corpo como se fosse um time. Para ser eficaz, os jogadores (órgãos humanos) precisam trabalhar juntos. Eles seguem as ordens do treinador, que tem uma visão geral de tudo. O cérebro é o treinador, observando sempre o que está acontecendo e enviando ordens para o resto do corpo.

Algumas imagens, conhecidas como ilusões de óptica, podem enganar o cérebro.

Quando o cérebro se confunde?

Às vezes, o cérebro recebe informações confusas e as processa da melhor maneira possível. Em uma ilusão de óptica como esta, os padrões vivos não deixam o cérebro processar a imagem, que parece estar girando na página.

70

Como o cérebro controla o corpo humano?

O cérebro pode dizer qual área do corpo precisa de auxílio e chama outras áreas para ajudar. Se você está se exercitando muito, por exemplo, precisa de mais oxigênio nos músculos das pernas. Então, o cérebro faz com que os pulmões e o coração trabalhem muito mais.

Existe mesmo uma "comida para o cérebro"?

Certos alimentos são bons para o cérebro. Peixe, nozes, brócolis, abacate e – acredite! – pequenas quantidades de chocolate amargo podem melhorar a memória, o aprendizado e a concentração.

Nosso cérebro pode ser treinado?

Treinamos nosso cérebro quando aprendemos novas habilidades e ações: ler, tocar guitarra ou esquiar. O cérebro armazena as instruções para uso posterior. Estas são chamadas de atividades conscientes porque as controlamos. Ao mesmo tempo, o cérebro faz muita coisa importante automaticamente. Para bombear sangue, respirar ou digerir alimentos, não é necessário treinar o cérebro. Ainda bem!

71

Qual o caminho do sangue dentro do corpo humano?

Um adulto tem pelo menos 4 litros de sangue dentro de si. Esse sangue transporta oxigênio e substâncias essenciais para todas as partes do corpo, a fim de que os músculos e órgãos funcionem adequadamente. O sangue completa a jornada de retorno transportando resíduos. Para movimentar essa quantidade de sangue o tempo todo, você precisa de uma bomba forte e confiável: o coração.

Quanto sangue temos durante a vida?

O coração é composto de duas bombas, com músculos extrafortes, trabalhando todos juntos no mesmo ritmo. O batimento cardíaco é de cerca de 90 por minuto. Com 2,5 bilhões de batidas em uma vida normal, é o mesmo que o seu coração bombeando sangue para encher 100 piscinas olímpicas.

Enferrujado!

Por que o sangue é vermelho?

Assim como o ferro fica vermelho e enferrujado ao encontrar oxigênio no ar, o sangue, que carrega muito oxigênio, reage com proteínas ricas em ferro e torna-se vermelho vivo. Algumas criaturas, como aranhas e lagostas, têm cobre em vez de ferro no sangue, tornando-o azul.

Até onde o sangue vai?

O corpo humano contém mais de 96 mil km de vasos sanguíneos. As células do sangue viajam ao longo dessas estradas e caminhos muitas vezes todos os dias!

Eu tenho sangue azul, como uma rainha!

Por que as veias parecem azuis?

Em pessoas de pele clara, as veias próximas à superfície parecem azuis, não vermelhas. Elas ainda têm sangue vermelho, mas parecem azuis por causa da maneira como a luz atravessa a pele.

Por que é difícil prender a respiração?

Começa a doer se você tentar prender a respiração por muito tempo. É o seu cérebro dizendo para você deixar os pulmões fazerem o trabalho deles, que é captar o oxigênio de cada respiração e se livrar do gás carbônico e outros resíduos quando você expira. Você precisa dos pulmões para respirar, mover-se, falar, cantar e rir.

Hmmphh!

Quantas vezes respiramos em um dia?
Em um dia comum, você vai inspirar (e expirar!) mais de 20 mil vezes.

Os pulmões têm músculos?

Os pulmões não conseguem respirar sem ajuda. E essa ajuda vem de um grande músculo abaixo deles, chamado diafragma. Quando ele contrai, o ar entra no peito (e nos pulmões). Ao relaxar, o espaço em seu peito é reduzido, forçando-o a expirar.

Por quanto tempo algumas pessoas podem prender a respiração?

Alguns mergulhadores de mar profundo prendem a respiração por mais de 20 minutos, mas a maioria das pessoas aguenta apenas um minuto.

O que acontece quando ficamos sem fôlego?

Estar sem fôlego é, às vezes, sinal de uma doença, mas geralmente é porque você se exercitou muito. Esse trabalho extra para os músculos exige mais oxigênio e, às vezes, a respiração não consegue acompanhar o ritmo. Você precisa parar e estabilizar a respiração até poder continuar o exercício.

O que acontece com a comida que engolimos?

Burp!

Você sabe que precisa comer para fornecer combustível e nutrientes ao corpo. Mas os alimentos sólidos – e também o que você bebe – não estão prontos imediatamente para lhe fornecer nutrientes. Eles precisam passar pelo corpo e serem digeridos. O sistema digestório é composto de uma série de tubos longos e tortuosos que ligam a boca ao estômago e conduzem a comida para fora através do ânus (bumbum).

Por que arrotamos?
Podemos facilmente engolir ar junto com a comida, principalmente se comermos rápido. Esse ar escapa por onde ele entrou na forma de um arroto.

Por que mastigamos a comida?

Substâncias químicas especiais chamadas enzimas, contidas na saliva, começam a digerir e quebrar o que você comeu em pedaços menores. Isso desencadeia um processo chamado digestão, que consiste em obter nutrientes úteis da comida. E mastigar a comida torna mais fácil o trabalho das enzimas. Alimentos mastigados também viajam com mais facilidade até o estômago.

Por que a comida dos astronautas vem em tubos?

Por conta da ausência de gravidade, no espaço tudo flutua, inclusive a comida. Assim, comprimir os alimentos em tubos é a melhor maneira de impedir que eles flutuem.

Podemos digerir comida se estivermos de cabeça para baixo?

Os desenhos animados às vezes mostram a comida caindo de paraquedas no estômago. Na verdade, a comida entra no corpo pela boca e vai parar no estômago por meio de um tubo. Esse tubo é formado por anéis de músculos, que se revezam para empurrar a comida. E eles funcionam da mesma maneira, esteja você de cabeça para baixo ou no sentido normal!

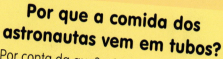

77

Qual é o tamanho do estômago?

Bem, isso depende do tamanho do seu corpo! Esse órgão, em geral, é do tamanho de um punho, mas não ocupa todo o espaço da barriga. As outras partes do sistema digestório também estão nessa região. A primeira parada é o estômago, depois a comida segue para os intestinos.

Como nosso estômago se renova de tempos em tempos?

O estômago tem quatro camadas, e a interna entra em contato com os fortes ácidos que quebram a comida. Essa camada é constantemente substituída, para proteger as outras camadas (compostas de fortes músculos) desses poderosos ácidos.

Por que a barriga ronca às vezes?

Os músculos do estômago constantemente espremem a comida para quebrá-la em partes menores. Às vezes gases e ar saem da comida… e ressoam dentro da barriga.

Por que o estômago é elástico?

O estômago tem a forma de uma letra J e tem três tarefas principais: armazenar comida, transformá-la em algo mais líquido e enviá-la ao intestino delgado. Ele precisa ser elástico para a primeira tarefa e pode se estender até 20 vezes o seu tamanho original depois de uma grande refeição.

Quanto tempo a comida fica no estômago?

O estômago leva cerca de três a quatro horas para transformar a comida sólida em uma pasta líquida chamada quimo. O quimo é então enviado para os intestinos.

Quais outros órgãos têm contato com a comida?

Muitos órgãos têm mais de um trabalho a fazer. Eles precisam ajudar a extrair nutrientes úteis dos alimentos enquanto também produzem substâncias importantes. Alguns órgãos menos conhecidos, como o pâncreas e a vesícula biliar, ajudam os mais conhecidos, como o estômago, o fígado e os intestinos, a fazerem seu trabalho.

Vesícula biliar

Pâncreas

Nham!

Por que alimentos ricos em gordura não fazem bem para a saúde?

A gordura é essencial para o bom funcionamento do corpo. No entanto, manteiga e cremes, em geral, devem ser consumidos com moderação, pois demoram mais tempo para serem digeridos.

80

É fácil testar os níveis de açúcar.

Nosso corpo precisa de açúcar?

Muito açúcar danifica os vasos sanguíneos, mas pouco açúcar rouba a energia de músculos e órgãos. O pâncreas é o órgão que monitora os níveis dessa substância no corpo. Ele produz a insulina para lidar com o excesso de açúcar e o glucagon para avisar o fígado para produzir mais açúcar se os níveis estiverem baixos. A diabetes é um distúrbio em que o pâncreas não consegue processar e regular direito os níveis de açúcar.

Por que o cocô do ser humano é marrom?

O fígado produz uma substância chamada bile que ajuda a digerir as gorduras. Bile produzida em excesso é armazenada na vesícula biliar. Quando a bile reage com bactérias em suas entranhas, ela faz com que o cocô torne-se marrom.

Por que vomitamos?

As náuseas – o mal-estar antes de vomitar – são um sinal de que o corpo precisa se livrar de algo prejudicial. Não é agradável vomitar, mas você se sente melhor depois, provando que era mesmo necessário. Sentir-se enjoado é a maneira como o corpo lhe dá uma mensagem, assim como a dor impede que você force músculos cansados ou machucados.

Qual é o órgão mais ocupado?

O fígado realiza centenas de trabalhos para manter o corpo funcionando. Você não poderia viver sem ele. O fígado é tão especial que parte dele pode crescer e se transformar em um fígado novinho. Ele processa a comida, armazena a energia, elimina os resíduos e limpa o sangue, entre outras tarefas importantes.

Por que os transplantes de fígado são especiais?

Se transplantar parte de um fígado, ela crescerá até o tamanho normal na pessoa doente, e o pedaço que ficou também cresce na pessoa sã.

Estamos digerindo!

Qual é o tamanho do fígado?

É o maior órgão interno do corpo, pesando cerca de 1,4 kg. Ele cresce à medida que você cresce, atingindo o tamanho completo por volta dos 15 anos: cerca de 15 cm de diâmetro. Com mais de 500 tarefas, desde digerir alimentos e decompor toxinas até ajudar o sangue a coagular, não é surpresa que ele seja tão grande.

Qual a função mais importante do fígado?

Se você perguntar a dez especialistas, pode receber dez respostas diferentes porque o fígado faz muitas coisas.
Mas o trabalho realmente vital (às vezes necessário para salvar sua vida) é limpar as toxinas do corpo. Esse é o papel do "departamento de emergência" do fígado, embora as outras 499 (ou mais) tarefas sejam igualmente importantes.

Por que o álcool faz mal para a saúde?

O fígado tem a capacidade de destruir o álcool, porque possui enzimas que o transformam em outras substâncias. Se a ingestão for frequente e o volume ingerido, maior do que a capacidade do fígado para metabolizar o álcool, as células hepáticas podem ser irremediavelmente destruídas.

83

Como os rins funcionam como filtros?

Os dois rins do tamanho de um punho, localizados perto do meio das costas, filtram o sangue para remover os resíduos e o excesso de água. Cerca de 200 litros de sangue passam por eles todos os dias. O sangue sai mais limpo e os resíduos e a água são enviados para a bexiga.

Por que às vezes a urina está mais clara?

A urina contém diferentes resíduos que são eliminados junto com a água. Beber muita água reduz a concentração de resíduos, tornando a urina mais aquosa e mais clara.

E se os rins não funcionarem?

Você pode conviver com um rim só se o outro não funcionar. Mas perder um segundo rim causaria sérios problemas devido ao acúmulo de resíduos no sangue. As máquinas de diálise podem tomar o lugar dos rins, filtrando o sangue e devolvendo-o ao corpo do paciente.

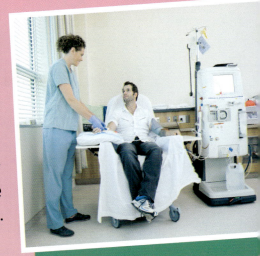

Como sabemos quando precisamos fazer xixi?

A urina fica na bexiga. Quando está cheia, a bexiga envia uma mensagem para o cérebro avisando que está na hora de esvaziar!

Por que estamos tão cheios de resíduos?

O sangue carrega e distribui nutrientes pelo corpo. Às vezes, ele leva coisas que você já tem o suficiente. Outras coisas ainda são decompostas por reações químicas nas células, que podem produzir resíduos – um pouco parecido com o escapamento de um carro. A água sai do corpo pelo suor, pela respiração e também pelo cocô, mas a maior parte dela sai pela urina.

85

Quais são os órgãos que não trabalham?

Pode parecer estranho pensar que o corpo carrega um excesso de bagagem que não serve para nada. Mas algumas partes parecem ser lembrancinhas de uma época em que seus ancestrais precisavam delas para sobreviver em condições muito diferentes. Com o tempo, essas partes do corpo ficaram menores, mas algumas nunca desaparecem.

Apêndice

Para que serve o apêndice?

O apêndice é um pequeno tubo ligado ao intestino grosso. É aí que o corpo digere a comida, exceto o apêndice humano, que parece não digerir nada. Muitos cientistas acreditam que ele algum dia ajudou os ancestrais humanos – como os macacos de hoje – a digerir galhos e folhas.

Os ouvidos têm músculos?

Os ouvidos têm músculos para movê-los, como os macacos, mas a maioria das pessoas (a menos que possam "mexer as orelhas") não consegue usar esses músculos.

Nós temos mesmo uma cauda?

Se você olhar atrás de qualquer um dos seus amigos, não verá nenhuma cauda. Mas todo ser humano tem um osso de cauda, chamado cóccix, na base das costas. É tudo o que resta de uma cauda que nossos ancestrais tinham há milhões de anos, como os macacos ainda têm.

As pessoas têm dentes demais?

Os quatro "dentes do siso" (molares) que se desenvolvem por volta dos 20 anos provavelmente foram usados por nossos ancestrais para moer plantas.

5 CÉLULAS E SISTEMAS

Quantas células o corpo tem?

Humanos, como outros seres vivos, são compostos de conjuntos de células. Elas são os blocos de construção do corpo, capazes de crescer e se reproduzir. As células se agrupam para formar os sistemas que supervisionam todo o trabalho para o corpo permanecer saudável. É difícil avaliar quantas células existem, mas estimativas recentes chegam a cerca de 37 trilhões!

Quantos glóbulos vermelhos nós temos?

Há cerca de cinco milhões de glóbulos vermelhos em apenas uma gota de sangue. Os homens geralmente têm mais glóbulos vermelhos que as mulheres.

O que as células fazem?

Elas realizam trabalhos especiais como fornecer energia, combater agressores, transportar resíduos e muito mais. Grupos de células semelhantes unindo forças são chamados de tecido. Tecidos trabalhando em conjunto são conhecidos como órgãos, e a maior coleção de células (trabalhando em todo o seu corpo em diferentes redes) forma um sistema.

Você consegue ver as células a olho nu?

Você precisa de um microscópio para ver células individuais, mas consegue ver conjuntos de células (tecidos e órgãos) facilmente.

lupi!

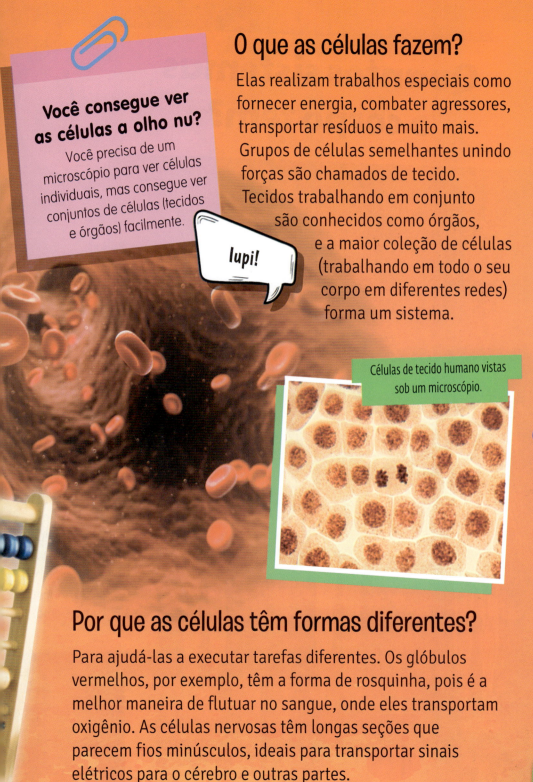

Células de tecido humano vistas sob um microscópio.

Por que as células têm formas diferentes?

Para ajudá-las a executar tarefas diferentes. Os glóbulos vermelhos, por exemplo, têm a forma de rosquinha, pois é a melhor maneira de flutuar no sangue, onde eles transportam oxigênio. As células nervosas têm longas seções que parecem fios minúsculos, ideais para transportar sinais elétricos para o cérebro e outras partes.

89

Quantos sistemas o corpo tem?

Adivinha só? Diferentes especialistas dizem números diferentes. A ciência do corpo não é tão simples! No entanto, existem pelo menos dez sistemas executando funções que fazem seu corpo funcionar tão bem. Aqui estão alguns deles.

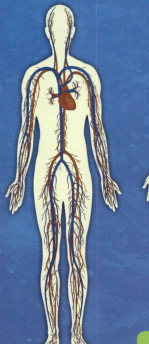

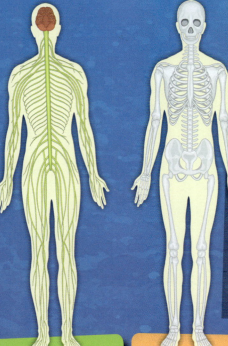

A pele é um órgão ou um sistema?
A resposta é... ambos! É o maior órgão do corpo, mas o modo como combina o combate à doenças, o armazenamento de gordura e a eliminação de resíduos também faz dela um sistema.

SISTEMA CIRCULATÓRIO
Transporta sangue pelo corpo.

SISTEMA NERVOSO
Transporta mensagens e envia sinais.

SISTEMA ESQUELÉTICO
Suporta, protege e movimenta você.

Os sistemas funcionam isoladamente?

Não, geralmente dois ou mais sistemas trabalham juntos para realizar uma tarefa. Os músculos, por exemplo, precisam de oxigênio e nutrientes. O sistema respiratório oferece o oxigênio e o sistema circulatório distribui esse oxigênio a todas as partes do corpo. Combinações semelhantes ajudam você a digerir alimentos, eliminar resíduos e combater infecções.

O descanso ajuda os sistemas do corpo?

Descanso regular, ou dar um tempo após um exercício, ajuda os sistemas a manter sua força.

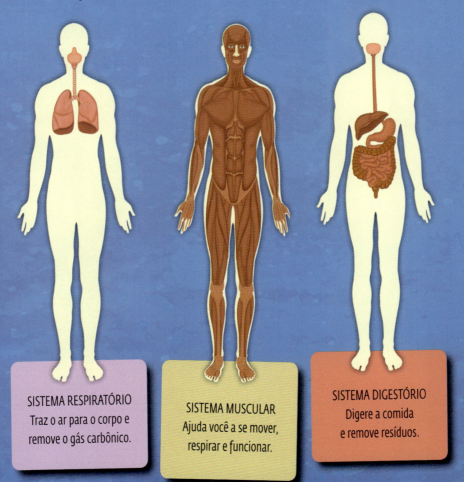

SISTEMA RESPIRATÓRIO
Traz o ar para o corpo e remove o gás carbônico.

SISTEMA MUSCULAR
Ajuda você a se mover, respirar e funcionar.

SISTEMA DIGESTÓRIO
Digere a comida e remove resíduos.

Como nós começamos?

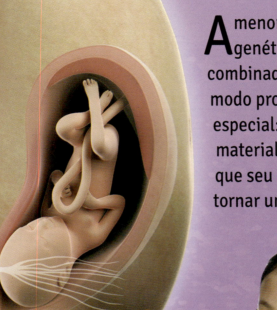

A menor quantidade de material genético de sua mãe e seu pai combinados de um determinado modo produziram algo muito especial: você. Dentro desse material estava toda a informação que seu corpo precisaria para se tornar um ser humano.

O que são nascimentos múltiplos?

Um óvulo fertilizado às vezes se divide, produzindo gêmeos idênticos ou até trigêmeos. Gêmeos não idênticos se desenvolvem quando os espermatozoides atingem dois óvulos separados.

Nós começamos como duas células mesmo?

Foi assim: um espermatozoide do seu pai fertilizou um óvulo dentro da sua mãe. Esse espermatozoide disputou com centenas de milhões de outros espermatozoides, cada um tentando alcançar o único óvulo, e ganhou a corrida. As mulheres geralmente produzem apenas um óvulo por mês.

Quanto os bebês pesam?

A maioria dos bebês nasce pesando entre 2,7 e 4,1 kg, mas os bebês que quebram recordes podem pesar mais de 10 kg!

Quanto tempo um bebê vive dentro da mãe?

O período desde o primeiro encontro do espermatozoide com o óvulo até o nascimento do bebê é chamado de gravidez ou gestação. Normalmente a gravidez dura cerca de 40 semanas. Durante esse tempo, os bebês crescem e se desenvolvem para que possam comer e respirar assim que nascem.

93

Como o sangue circula pelo corpo?

O sangue percorre uma rede de grandes e pequenos canais chamados vasos sanguíneos. Ele sai do coração e dos pulmões pelas artérias e retorna pelas veias para ser renovado. Esse movimento de ida e volta é chamado de circulação. É por isso que o sangue faz parte do sistema circulatório.

Com que velocidade o sangue circula?

Leva apenas cerca de um minuto para o sangue fazer a viagem do coração, ao redor do corpo e retornar ao coração novamente.

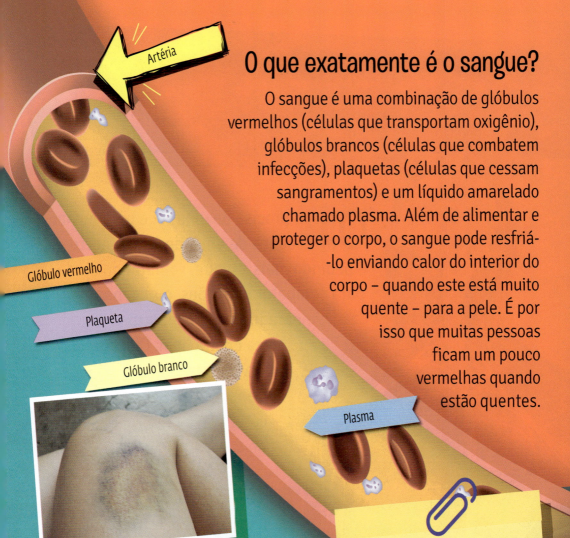

O que exatamente é o sangue?

O sangue é uma combinação de glóbulos vermelhos (células que transportam oxigênio), glóbulos brancos (células que combatem infecções), plaquetas (células que cessam sangramentos) e um líquido amarelado chamado plasma. Além de alimentar e proteger o corpo, o sangue pode resfriá-lo enviando calor do interior do corpo – quando este está muito quente – para a pele. É por isso que muitas pessoas ficam um pouco vermelhas quando estão quentes.

O que causa um hematoma?

Uma batida no corpo pode causar a ruptura de pequenos vasos sanguíneos. O sangue vaza dos vasos machucados e preenche parte daquela área. Células sanguíneas danificadas fluem em direção à superfície da pele, dando ao local lesionado o aspecto de um hematoma.

Quais são os menores vasos sanguíneos?

São os capilares, vasos sanguíneos que permitem o sanguem passar de um tecido próximo para outro. Alguns têm apenas uma célula de largura.

Como o corpo carrega mensagens?

O corpo precisa de uma rede para enviar mensagens de um lado para o outro – pedindo mais sangue, solicitando ajuda para combater infecções, ou apenas para informar o quanto uma pizza cheira bem. O sistema nervoso faz esse trabalho, transmitindo sinais ao cérebro e a todos os lugares do corpo.

O que é um reflexo?

Um reflexo é uma reação instantânea e automática que o corpo usa para se proteger, como piscar na luz ou afastar a mão de uma chama.

Como o cérebro decifra as informações?

O sistema nervoso central é composto pelo cérebro e pela medula espinhal (dentro da coluna). As informações recebidas são processadas em áreas especiais que cuidam de alguns "setores", por exemplo, som, visão, movimento etc. Os nervos sensoriais enviam impulsos para o cérebro e os nervos motores emitem sinais.

O que acontece quando ficamos com vergonha de alguma coisa?

O corpo reage a um evento constrangedor liberando adrenalina. Isso faz com que mais sangue flua pelo corpo, principalmente para o rosto (onde há muitos vasos sanguíneos), por isso normalmente ficamos corados.

Os nervos estão cheios de eletricidade?

O sistema nervoso liga bilhões de neurônios (células nervosas) em uma série de caminhos que levam ao e saem do cérebro. Os sinais que viajam ao longo dessa rede são chamados de impulsos. Ao longo do caminho, os impulsos pulam de um neurônio para o outro combinando eletricidade e química. O intervalo entre os neurônios é chamado de sinapse.

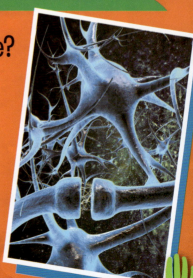

Todos os seres vivos respiram?

Animais e plantas necessitam de certos gases para viver e precisam se livrar de outros gases nocivos. Até as bactérias usam a respiração para se manterem vivas. As plantas precisam absorver gás carbônico e "expirar" oxigênio. Os seres humanos fazem o oposto: inalam oxigênio e expiram gás carbônico e outros resíduos.

O que é uma caixa de voz?
É o termo científico para a laringe, que tem dobras teciduais (cordas vocais) que vibram para fazer sons quando o ar passa.

Quanto oxigênio existe no ar?

Cerca de um quinto do ar que respiramos é composto de oxigênio. O resto, em sua maior parte, é nitrogênio, com pequenas quantidades de outros gases. Nosso corpo não extrai todo esse oxigênio: o ar que exalamos ainda tem em torno de um sexto de oxigênio, além do gás carbônico produzido como resíduo.

Como os músculos obtêm oxigênio?

O oxigênio é transportado pelo sistema circulatório nos glóbulos vermelhos. Os músculos precisam de oxigênio como o fogo precisa do ar: para queimar coisas. Os músculos usam o oxigênio para queimar açúcares e gorduras a fim de liberar energia para o corpo por meio de reações químicas.

Praticar exercícios faz bem para os pulmões?

Os músculos funcionam melhor se você se exercita regularmente. Aos poucos, eles precisam de menos oxigênio e produzem menos gás carbônico. Portanto, fazer exercício faz muito bem aos pulmões.

Como o corpo combate doenças?

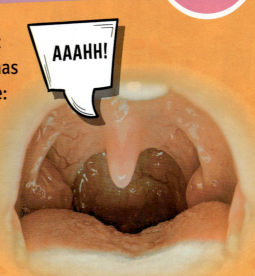

O sistema imunológico é capaz de convocar os outros sistemas para fazer algo muito importante: manter você saudável ao se defender de vírus, bactérias e parasitas. Ele pode identificar um problema, encontrar as armas certas para a batalha e garantir que você esteja preparado na próxima vez que enfrentar a ameaça.

AAAHH!

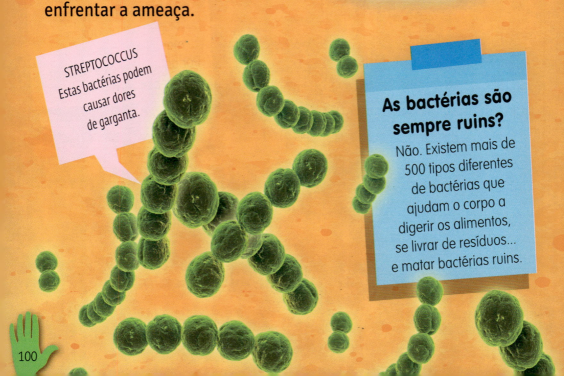

STREPTOCOCCUS
Estas bactérias podem causar dores de garganta.

As bactérias são sempre ruins?

Não. Existem mais de 500 tipos diferentes de bactérias que ajudam o corpo a digerir os alimentos, se livrar de resíduos... e matar bactérias ruins.

O que é o sistema linfático?

O corpo tem uma rede de canais que transportam a linfa, um líquido claro com proteínas e glóbulos brancos que combatem doenças. A linfa também transporta os resíduos, que são filtrados por grupos especiais chamados nódulos linfáticos. Esses nódulos têm suprimentos extras de glóbulos brancos e proteínas que combatem doenças.

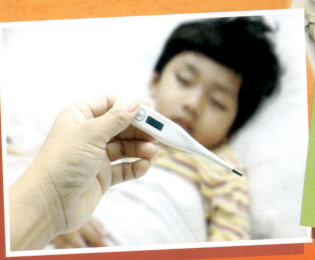

Por que não devemos comer quando estamos com febre?

Comer fará com que o sistema digestório dê um trabalho extra ao corpo quando ele precisa se concentrar em outras tarefas.

Uma febre pode ser boa?

Sim. Não apenas ela age como um sinal externo de que você está doente, mas também é uma das formas de o corpo combater os germes. Uma parte do cérebro aumenta a temperatura do corpo para torná-lo quente demais para que os germes se instalem nele.

O que acontece com a comida que comemos?

Você pode querer comer sorvete e chocolates o dia todo, mas seu corpo precisa de diferentes tipos de combustível para funcionar como deve. Ele depende do sistema digestório para transformar rosbife, brócolis, espaguete e cupcakes – ou seja, comida – em combustível para o corpo.

Quando começamos a digerir a comida?

Mesmo antes de dar uma mordida! Quando você vê a comida e sua boca saliva, você está preparando a saliva para começar a digestão.

Por que os intestinos são tão longos?

O intestino delgado (que é mais longo, porém mais fino que o intestino grosso) absorve os nutrientes dos alimentos à medida que eles passam por ele. Seu comprimento – cerca de 6 m se esticado – dá a ele uma grande área de superfície para capturar alimentos. Essa área é ainda maior com as chamadas vilosidades, semelhantes a dedos.

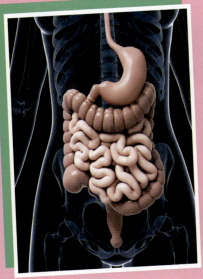

Quanto tempo leva para digerir uma grande refeição?

Pode levar até oito horas do momento em que você termina a refeição até que o último nutriente tenha sido extraído e absorvido. O alimento passa pelo estômago, intestino delgado e vai até o intestino grosso, onde o que resta é descartado como resíduo.

Por que o estômago não se digere?

O ácido produzido pelo estômago precisa ser forte o suficiente para digerir a comida. Mas o estômago não chega a se digerir porque é revestido por dentro por uma camada de muco viscoso, que o protege do ácido.

O que os hormônios fazem?

Eles são mensageiros químicos, que transportam informações entre as células. Os hormônios são produzidos nas glândulas do corpo e mantêm o controle do crescimento, do humor, do metabolismo (obtenção de combustível dos alimentos) e da reprodução. Juntos, eles formam o sistema endócrino.

Hipotálamo

Hipófise

Homens e mulheres têm as mesmas glândulas?
A maioria, mas eles têm diferentes glândulas reprodutivas – os ovários e testículos –, que permitem que as pessoas tenham bebês.

Quantas glândulas nós temos?

O corpo humano tem oito glândulas principais, todas controladas pela estimulação do sistema nervoso. O cérebro é o lar de duas muito importantes: a hipófise e o hipotálamo. A primeira é a glândula "mestre" que controla outras glândulas no corpo e produz os hormônios de crescimento que fazem você mais alto e mais forte. O hipotálamo regula a temperatura corporal, a fome, a sede e o humor.

Todas as glândulas produzem hormônios?

Não. Algumas produzem substâncias que são liberadas pelo corpo, como lágrimas, suor, saliva e o leite materno.

As glândulas podem nos mandar dormir?

Sim! A glândula pineal tem a forma de uma pinha e está localizada no cérebro. Sensível a mudanças na luz, ela produz o hormônio melatonina à medida que a luz diminui. Esse hormônio faz com que você se sinta sonolento, para controlar seus padrões naturais de sono e vigília.

UAAAAH!...

UAAAAH!...

Por que as pessoas têm alturas diferentes?

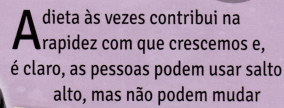

A dieta às vezes contribui na rapidez com que crescemos e, é claro, as pessoas podem usar salto alto, mas não podem mudar de verdade a altura que terão. Assim como muito do que faz você ser você, essa informação foi determinada em suas células antes mesmo do seu nascimento. Você provavelmente pode agradecer – ou culpar – seus pais.

Até que altura uma pessoa pode crescer?

Qualquer pessoa com altura de mais de 1,8 m está acima da média, embora não seja incomum que os homens cresçam até 2,1 m. Um dos homens mais altos de todos os tempos, Robert Wadlow, usava roupas de adulto quando tinha cinco anos e cresceu até 2,72 m!

Por que os homens geralmente são mais altos que as mulheres?

Os cientistas têm muitas respostas diferentes do porquê os homens são mais altos – desde as necessidades de nossos ancestrais (agora parte de nossos genes) até a importância de homens e mulheres serem diferentes. A mecânica é mais fácil de explicar: as meninas amadurecem mais cedo e param de crescer, enquanto os meninos amadurecem um pouco mais tarde e, por isso, têm mais dois ou três anos para crescer.

O que torna o cabelo grisalho?

Com o tempo, as células ciliadas perdem o pigmento (como um corante) que faz o cabelo vermelho ou preto... e o fio transparente parece prateado ou branco.

Por que algumas pessoas têm cabelo vermelho?

Nossas células possuem complexos conjuntos de informações, como programas de computador. Estes são chamados de genes e têm instruções (transmitidas de nossos pais) sobre nossos olhos, altura, inteligência... e se nossos cabelos serão vermelhos, marrons, claros ou pretos.

6 SENTIDOS E SENSAÇÕES

Por que o cérebro é muito ocupado?

Pense em tudo o que está acontecendo ao seu redor agora. Mesmo quando você se concentra em pensar nisso, milhares de outras coisas estão acontecendo, tanto ao seu redor quanto dentro do seu corpo. Felizmente, o cérebro consegue trabalhar em vários assuntos diferentes ao mesmo tempo, por isso ele entende tudo e evita uma confusão total.

De que tipo de exercício o cérebro precisa?

Os médicos recomendam a leitura, tocar instrumentos musicais, resolver caça-palavras e cruzadinhas, além de montar quebra-cabeças como formas de manter o cérebro "saudável" na velhice.

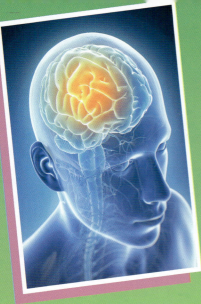

Por que o cérebro funciona como um computador?

Ele recebe diferentes informações e estímulos e trabalha analisando dados constantemente. Mas nem mesmo o computador mais avançado se compara ao cérebro ao enviar rapidamente as informações de volta ao próprio sistema. O computador mais poderoso de que se tem notícia é ainda 30 vezes mais lento que seu cérebro!

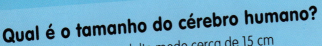

Qual é o tamanho do cérebro humano?

Um cérebro adulto mede cerca de 15 cm de comprimento e pesa cerca de 1,5 kg – quase o mesmo que um frango pronto para forno.

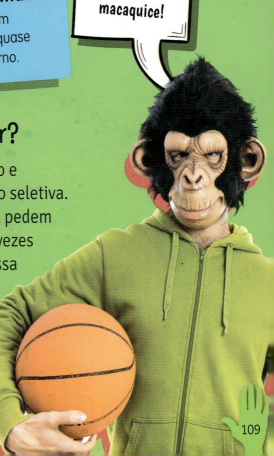

Sem macaquice!

Notamos tudo ao nosso redor?

Muitas vezes nos concentramos em algo e ignoramos o resto. É a chamada atenção seletiva. Em um certo experimento, os cientistas pedem aos espectadores que contem quantas vezes um grupo de jogadores de basquete passa a bola em um curto videoclipe. As pessoas se concentram em contar, mas muitas vezes nem percebem o homem em uma fantasia de gorila que passa no meio do grupo de jogadores!

Por que precisamos dos olhos?

A visão é um dos mais importantes sentidos humanos. Os olhos fazem um excelente trabalho ao observar o que está acontecendo ao redor e enviar essa informação ao cérebro. A visão é tão importante que cerca de metade do cérebro está envolvido em fazer você enxergar. Mas às vezes até essa ferramenta de precisão precisa ser ajustada.

O que acontece quando vemos duplicado?

Se os olhos não estão olhando exatamente na mesma direção, o cérebro não consegue formar uma imagem única em 3D para ver as duas imagens.

Por que temos dois olhos?

Luz e imagens passam pelos olhos e alcançam a retina, onde são transformadas em sinais elétricos e enviadas para o cérebro. Um olho poderia fazer bem esse trabalho, mas não seria capaz de ajudá-lo a avaliar a profundidade ou a distância. O cérebro analisa as imagens ligeiramente diferentes dos dois olhos e calcula o quão longe estão os objetos.

Os olhos são sempre os mesmos?

Nem sempre. Algumas crianças desenvolvem um "olho preguiçoso", que vê menos claramente que o outro olho.

Como os óculos ajudam as pessoas a enxergar?

As imagens passam através de lentes (pedaços claros e curvos de tecido) em seu olho a caminho da retina. Às vezes, as lentes perdem a forma e não enviam mais imagens nítidas – como uma fotografia fora de foco. Os óculos têm lentes especiais para corrigir esses problemas.

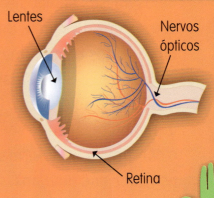

Lentes
Nervos ópticos
Retina

Como ouvimos os sons?

Vibrações em ondas que passam pelo ar e são captadas pelos nossos ouvidos são o que chamamos de som. É o trabalho dos ouvidos transformar essas vibrações de ar em sinais elétricos e enviá-los ao cérebro. Como um rádio recebendo seus sinais, o cérebro os transforma nos sons que ouvimos.

Como barulhos altos podem machucar?

Ruídos muito altos podem matar células no ouvido interno. Com o tempo, se um certo número dessas células morrer, uma pessoa pode sofrer de perda de audição.

Por que os ouvidos nos deixam enjoados?

O ouvido interno tem duas funções: traduzir as vibrações em sinais sonoros elétricos e ajudar no senso de equilíbrio. O cérebro analisa o fluido dentro do ouvido interno para manter você ereto e equilibrado. Você pode se sentir enjoado se as informações desse nível de fluido não corresponderem às informações enviadas pelos seus olhos.

É tudo questão de equilíbrio...

Por que não existe o silêncio absoluto?

Mesmo dentro de contêineres à prova de som, as pessoas ainda ouvem os zumbidos, batidas e zunidos de seus próprios corações e nervos.

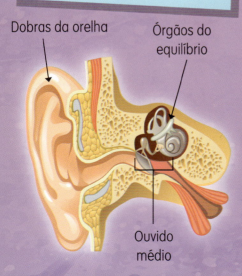

Dobras da orelha
Órgãos do equilíbrio
Ouvido médio

Por que as orelhas têm dobras de pele?

Essas dobras agem como um funil, aprisionando ondas sonoras e enviando-as ao ouvido com ainda mais força. As ondas fazem com que os pequenos ossos do ouvido médio vibrem. E essas vibrações fazem com que células ainda menores no ouvido interno enviem sinais elétricos ao cérebro, que os registra como sons.

113

O que a pele é capaz de sentir?

Ai!

Caso você tenha esquecido, a pele é o maior órgão do corpo. Ela tem muitas tarefas, além de proteger o que está dentro dela. Uma das mais importantes é enviar sinais de seus receptores – sensíveis ao calor, ao frio e à pressão – ao cérebro. Esse processo é o chamado sentido do tato.

Por que "queimamos" a língua?

A língua é sensível à dor e pressão, mas não é tão sensível ao calor. Às vezes, nós bebemos coisas que são muito quentes, mas não percebemos até que nossa língua já esteja "queimada".

114

Por que algumas partes do corpo são mais sensíveis?

A pele está repleta de terminações nervosas, conhecidas como sensores, que captam sinais e os enviam para o cérebro. Sensores especializados detectam pressão, calor, frio, dor e coceira. Algumas partes do corpo, como as pontas dos dedos e o rosto, estão cheias de sensores. Outras, como as costas e a barriga, têm menos sensores e, portanto, são menos sensíveis.

Como as pessoas leem pelo tato?

Muitos deficientes visuais usam os dedos para seguir padrões de pontos em relevo em uma página, usando o sistema de escrita em Braille.

O que acontece quando nos fazem cócegas?

Os sinais nervosos de um leve toque passam perto da parte do cérebro que detecta o prazer. É por isso que costumamos rir quando fazem cócegas em nós. Mas o cérebro também filtra informações sem importância. Então, se você tentar fazer cócegas em si mesmo, ele não é enganado e ignora a vontade de rir.

Como podemos sentir gostos com o nariz?

Sua boca saliva quando você sente o cheiro de uma lasanha assando no forno? E você não consegue sentir o sabor da comida quando está com o nariz entupido por conta de um resfriado? Esses são exemplos de como o nariz e a boca funcionam como integrantes de uma equipe para guiar seu paladar.

As mulheres têm um olfato mais apurado que os homens?

Testes sugerem que sim, mas a razão pode estar ligada a questões práticas – talvez as mulheres usem mais o sentido do olfato.

Quantos gostos diferentes podemos detectar?

Todo alimento tem moléculas dissolvidas que as papilas gustativas na língua podem detectar. Elas enviam sinais ao cérebro quando captam uma das principais sensações gustativas: doce, azedo, salgado, amargo e umami (um sabor forte no tomate, no molho de soja e em alguns queijos e carnes cozidas).

QUE NOJO!

Durião

Por que o cheiro faz diferença?

Você pode se surpreender ao descobrir que quase três quartos do que você prova vem do olfato. O nariz detecta moléculas que dão a cada objeto um cheiro especial. Ele envia esses sinais para o cérebro, que também capta os sinais básicos do paladar. Sem cheiro, você não poderia distinguir entre dois alimentos diferentes, azedos ou salgados.

Qual é o alimento com o pior cheiro?

Uma das respostas mais comuns é a fruta asiática conhecida como durião; ela cheira tão mal que, em alguns lugares, seu consumo em locais públicos é proibido.

Por que sentimos dor?

AIII!

Ninguém gosta de sentir dor, mas sem ela você estaria em apuros. Isso porque a dor é o sistema de alarme do corpo. É uma maneira de dizer a você para parar de fazer algo que pode ser realmente prejudicial – como bater o polegar novamente com um martelo ou andar depois que você torceu o tornozelo.

Uma dor de cabeça é realmente uma dor no cérebro?

Não. O cérebro tem poucos receptores de dor, por isso não consegue enviar sinais de dor. A maioria das dores de cabeça é causada pela dor nos músculos da cabeça e do pescoço.

Por que algumas pessoas não sentem dor?

Há pessoas que nascem incapazes de sentir dor. Seu sistema nervoso não consegue enviar esses sinais de alerta para o cérebro. Existe uma doença que faz com que as pessoas percam a sensação de dor também. Mesmo assim, elas correm os mesmos riscos que uma pessoa normal. E isso por si só aumenta ainda mais as chances de que algo muito perigoso aconteça.

Por que temos um osso engraçado?

Conhecido popularmente como osso engraçado, a parte do cotovelo que dá um formigamento quando você a bate é na verdade um nervo se esfregando contra um osso do braço.

A dor sempre é sentida exatamente no local do problema?

Em geral, sim. Normalmente você pode dizer qual dedo acabou de bater ou onde alguém acabou de cutucá-lo com o cotovelo. Mas a dor ao redor da boca – em especial, dor de dente – pode ser enganosa. A rede de nervos na mandíbula está tão emaranhada que o dente problemático nem sempre está perto da pior dor.

Por que nosso humor muda com frequência?

Durante anos, as pessoas não sabiam direito como o humor e as emoções – sentir-se feliz, triste ou com medo – aconteciam. Agora sabemos que esses sentimentos estão ligados a mudanças químicas e elétricas no corpo. Comida, sol, exercícios e até mesmo a presença ou não de animais de estimação podem estimular essas mudanças de humor.

Por que os cães visitam hospitais?

Os pacientes ficam mais felizes, e também se recuperam mais rápido se tiverem a chance de acariciar um cachorro ou outro animal de estimação.

Por que a luz do sol pode afetar as emoções?

Quando a luz solar atinge a pele, o corpo produz a vitamina D, que fabrica um hormônio chamado serotonina, que é a substância que nos dá a sensação de felicidade.

Por que correr nos dá a sensação de estarmos felizes?

O corpo produz substâncias químicas chamadas hormônios, que enviam mensagens aos órgãos. Alguns desses hormônios nos ajudam a combater doenças e outros afetam o humor. Podemos ficar animados, tristes ou felizes. O exercício libera hormônios positivos que podem melhorar o humor.

Como os médicos podem medir a felicidade?

Eles podem medir parte da atividade cerebral que ocorre quando estamos felizes. Alguns especialistas podem nos ajudar a relaxar e examinar nossos sentimentos e humores durante algumas conversas e encontros chamados de terapia. Para algumas pessoas, terapia é um auxílio importante para manter uma visão saudável da vida.

Por que choramos?

Na maioria das vezes, o choro é desencadeado por sentimentos, por isso as lágrimas são vistas por muitos como sinal de tristeza. Mas o corpo produz lágrimas todos os dias para lavar a poeira e outras substâncias que não deveriam estar nos olhos.

Por que bebês recém-nascidos choram?

Porque o choro é a primeira chance de os bebês obterem oxigênio do ar e não do sangue da mãe. Mas eles não produzem lágrimas até que tenham algumas semanas de idade.

Por que o choro faz o nariz escorrer?

Algumas lágrimas escorrem em minúsculas aberturas internas das pálpebras e acabam no nariz. Você engole um pouco, mas outras lágrimas se misturam com o fluido nasal, fazendo você fungar. As lágrimas em excesso escorrem pelas bochechas.

Existe "choro bom"?

Os cientistas descobriram que o corpo produz um analgésico natural quando choramos, então talvez chorar realmente ajude a nos sentirmos um pouco melhor em alguns casos.

Por que o choro nos lembra tristeza?

Quando estamos sob fortes emoções, ficamos mesmo mais sentimentais e pode ser que o choro aconteça. Mas também podemos chorar diante de emoções fortes positivas, como a felicidade súbita. Na verdade, chorar é a melhor maneira de lavar os olhos! Chorar também é uma forma de defesa dos olhos quando estamos expostos a partículas dolorosas ou cheiros fortes. Basta pensar em como muitas pessoas choram quando cortam cebolas, por exemplo.

Por que precisamos dormir?

Você passa horas à noite – e às vezes também algumas horas de dia – dormindo, mas o que realmente acontece em seu corpo? O sono dá ao corpo a chance de se reconstruir, sem estar constantemente em movimento. Os músculos crescem, o tecido é reparado e o corpo é restaurado. Também dá à mente a chance de processar e armazenar informações, pronta para o próximo novo dia.

O que é sonambulismo?

Algumas pessoas se sentam na cama e até se levantam, andam e conversam enquanto ainda dormem, geralmente uma hora depois de adormecer. A isso se dá o nome de sonambulismo.

Quanto tempo as pessoas devem dormir?

Precisamos de menos sono à medida que envelhecemos: cerca de 16 horas por dia para bebês, até nove horas quando estamos na adolescência e, eventualmente, menos de sete horas. Ao longo de um tempo médio de vida, você pode gastar mais de 200 mil horas, ou seja, por volta de 23 anos, dormindo!

Zzzzz..

O que nos faz acordar?

As células do corpo precisam de mais nutrição e oxigênio, e elas pedem que você se torne ativo de novo – assim você pode comer e aumentar a frequência cardíaca.

O que acontece se ficarmos sem dormir?

As pessoas sofrem se perdem uma noite de sono ou se o sono delas é constantemente interrompido. Uma pessoa pode dormir por mais de oito horas, mas se o sono for interrompido, elas se sentirão cansadas. Períodos prolongados de insônia podem afetar o humor das pessoas e sua saúde física e mental.

Todo mundo sonha?

Todos sonhamos quando dormimos. Quem pensa que não tem sonhos só não consegue se lembrar deles. Sonhar faz parte de um ciclo que acontece toda vez que adormecemos. E, embora hoje em dia saibamos mais sobre os sonhos, os especialistas ainda discordam sobre por que sonhamos... e o que os sonhos significam.

Alguns alimentos podem causar pesadelos?

Comer tarde, em vez de comer determinados alimentos, pode atrapalhar o sono e levar ao tipo de sonho desagradável que pode acordá-lo: um pesadelo.

Como saber o que os sonhos significam?

É fácil saber quando estamos sonhando: os olhos se movem rapidamente, mesmo quando estão fechados.

Muita gente consegue lembrar o que sonhou. Mas o que os sonhos significam é mais difícil de dizer. Acreditava-se que eles previam o futuro. Os médicos hoje em dia admitem que os sonhos são misteriosos, mas talvez sejam uma maneira de resolver as lembranças.

Quanto tempo duram os sonhos?

Alguns têm apenas alguns segundos de duração, mas outros podem durar até uma hora.

Impulso nervoso no cérebro

O que acontece quando sonhamos?

O sono noturno segue um padrão ou ciclo. Boa parte é sono profundo, quando o corpo se reconstrói, mas várias vezes durante esse ciclo você passa por um período de Movimento Rápido dos Olhos (REM). Ele reflete o quão ativo seu cérebro é, enquanto os impulsos nervosos são responsáveis por formar os sonhos.

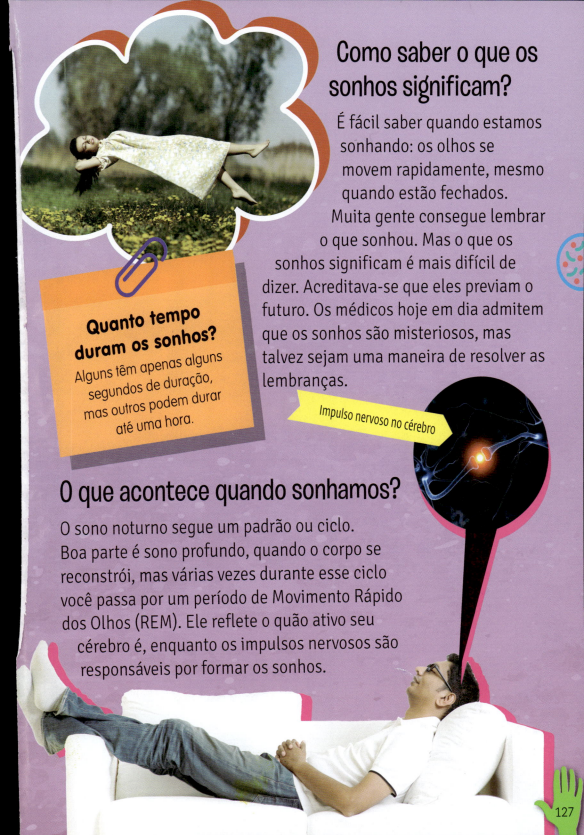

ÍNDICE

ancestrais 29, 87, 107
ânus 76
apêndice 86
arroto 76
artéria 94
articulação 34-5, 42, 53
astronauta 67, 77

bactérias 9, 23, 26-7, 81, 98, 100
baço 69
bebês 15, 37, 68, 92-3, 104-5, 122, 125
bexiga 85
boca 4, 19, 49, 76-7, 116, 119

cabelo/pelo 8-9, 11, 12-15, 17, 25, 67, 107
capilares 95
cartilagem 34, 37, 39-40
células 6-7, 11, 25, 32, 36, 39-41, 44-5, 56, 73, 85, 88-9, 92-3, 95, 97, 99, 101, 104, 106, 112-3, 125
cérebro 5, 29, 33, 47, 50, 54, 57, 69, 70-1, 74, 85, 89, 96-7, 101, 105, 108-115, 117-119, 121, 127
cheiro 116-7
chorar 19
cóccix 87
coluna 4, 30, 41, 97
comida 4, 6, 19-20, 23, 31, 56, 61, 62-63, 68, 71, 76-83, 91, 100, 102-3, 116-7, 120, 126
coração 7, 29, 48, 51, 56-7, 67, 69, 71-2, 94, 113, 125
crânio 31, 47
crosta 9

dentes 8, 20-23, 87
diafragma 49, 57, 60, 75
dormir 56-7, 105, 124-127

emoções 16-17, 120-123
espermatozoide 92-3

esqueleto/esquelético 28-30, 34, 47, 51, 90
estômago 59, 76-80, 103

falar 7, 19, 49
fígado 69, 80-83

gás carbônico 57, 62, 74, 91, 98-9
genes 107
germes 9, 22-3, 25-27, 101
glândulas 57, 104-5

higiene 7, 26-7
hormônios 13-15, 37, 104-5, 121

infecção 8-9, 22-3, 25, 26-7, 40, 91, 96
injeções 7
intestino 6, 78-80, 86, 103

lábios 18-9
laringe 98
ligamento 33-35
língua 7, 49, 117

medula 32, 44-5
músculo 7, 11, 13, 17, 19, 33-35, 48-67, 71-2, 75, 77, 81, 87, 91, 99, 124

nervos 5, 18, 23, 25, 32, 61, 89-90, 96-7, 105, 113, 115, 119, 125

olhos 10, 16, 48, 50, 68, 107, 110-1, 113, 122-3, 127
órgãos 4, 7, 9-10, 15-6, 29-30, 51, 56, 68-88, 90, 114
órgãos sensoriais 4, 66, 97, 108-125
ossos 5, 28-48, 51-53, 59, 87, 97, 113, 119
ouvido 31, 33, 87, 112-3
óvulo 92-3
oxigênio 62, 64, 67, 71-3, 75, 89, 91, 122, 125

paladar 7, 116-7
pâncreas 69, 80-1

pele 8-11, 15, 18, 25, 42-3, 47, 66-7, 90, 95, 114-5, 121
puberdade 37
pulmões 4, 29, 49, 69, 71, 74-5, 94, 99

queratina 14, 25

raios X 42-3
reprodução 69, 104
respiração 4, 48, 57, 65, 67, 71, 74-5, 85, 91, 93, 98-9
rim 69, 84-5

saliva 77, 102, 105
sangue 5, 36, 38-41, 44-5, 48, 51, 56-7, 61-2, 64, 67, 72-3, 82-85, 88-9, 90, 94-97, 101, 122
sistema circulatório 69, 90-1, 94-5
sistema digestório 4, 48, 51, 61, 69, 76-81, 91, 101-103
sistema endócrino 104-5
sistema imunológico 100
sistema linfático 101
sistema respiratório 91
sistema urinário 69, 84-5
sistemas 5, 51, 61, 63, 88-91, 94, 105
sobrancelhas 16-7
suor 11, 16, 18, 25, 65, 85, 105

tato 10, 19
tecido 6-7, 21, 32-3, 39, 43, 48, 60, 68, 88, 95, 111, 124
temperatura 8, 66-7, 95, 101, 105, 114-5
tendão 33-4, 52, 59
transplantes 7, 44, 82

unhas 8, 14, 24-5

vasos sanguíneos 11, 18, 32-3, 39-40, 56, 73, 81, 94-5
veias 73, 94
vertebrado 4-5
vesícula biliar 80-1
vírus 26-7, 100